風刺画とアネクドートが描いたロシア革命

Российская революция, изображенная карикатурами и анекдотами

桑野 隆【監修】 若林 悠【著】

現代書館

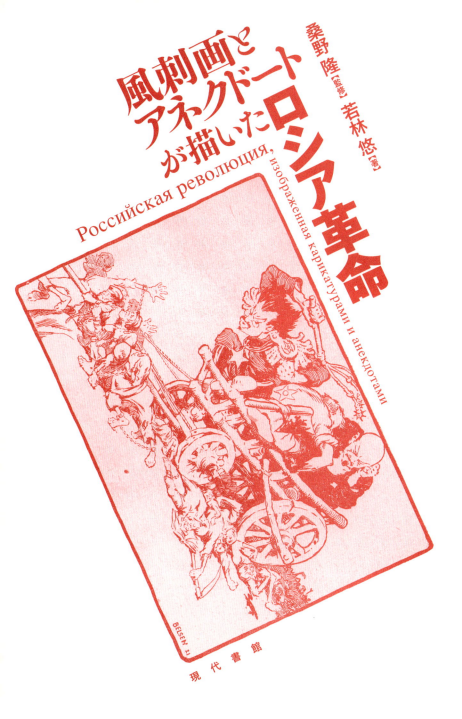

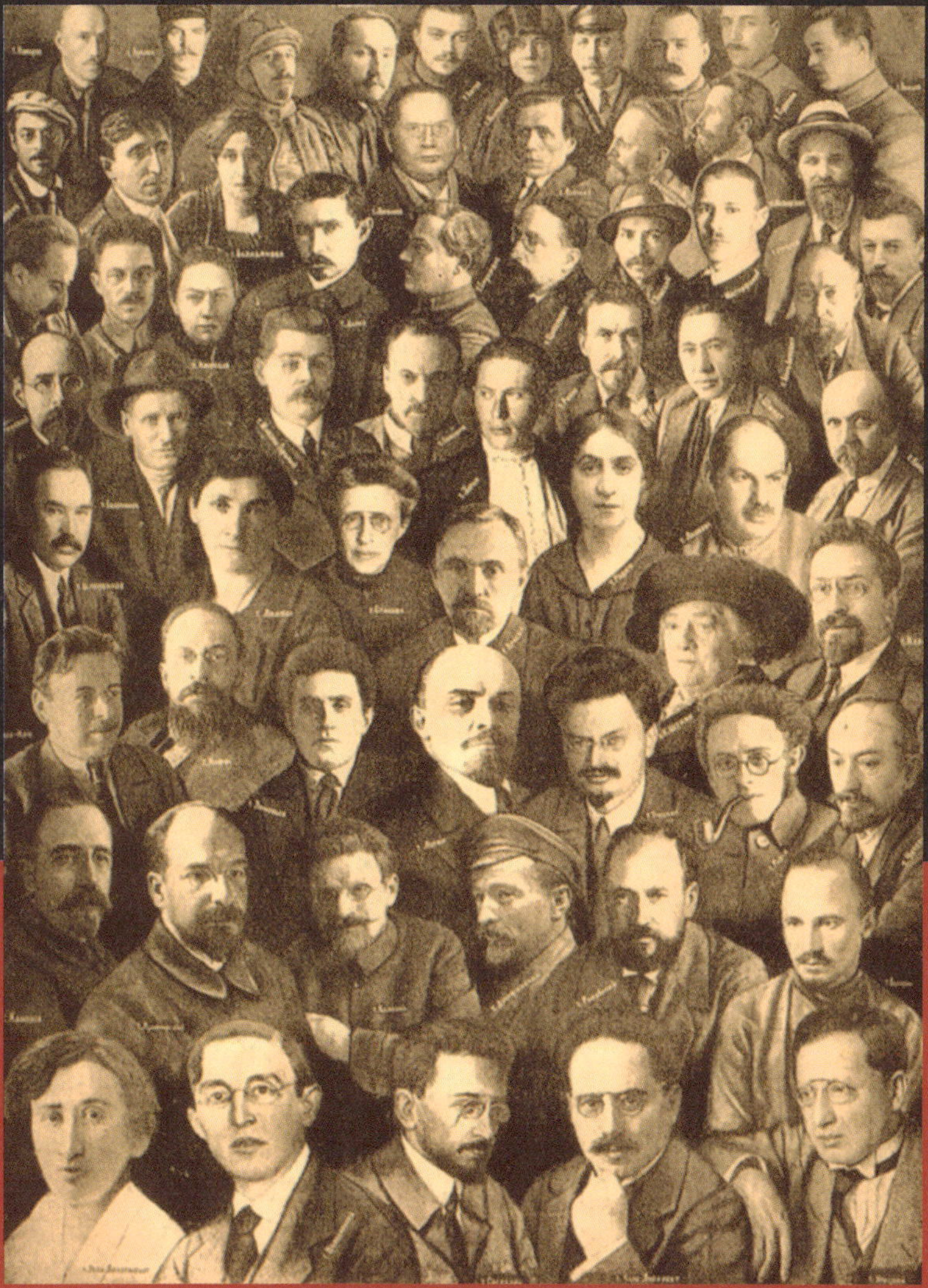

「建国の父」というタイトルのコラージュ写真。一九二〇年。

◉「第二回コミンテルン大会」を記念した出版物の中の一枚。

一列目左からローザ・ルクセンブルク（独）、ヴォロダルスキー、スヴェルドロフ、カール・リープクネヒト（独）、ウリツキー。

二列目左からカーメネフ、ルナチャルスキー、カリーニン、ジェルジンスキー、ラコフスキー、ブハーリン。

三列目左からクン・ベラ（ハンガリー）、ヨッフェ、ジノヴィエフ、レーニン、トロツキー、ラデック、チチェーリン。

一列目はこの時点で亡くなっている革命家。「建国」はロシア革命ではなく「社会主義の建設」という意味で使っているので、外国人も入っています。

はじめに

Q：ロシア共産党の人々について教えて下さい。
A：ロシア共産党には二種類の人々しかいません。完全に無能な人々と、完全に全能な人々です。

今年はロシア革命百周年です。

「人類初の壮大な実験」と言われた「ソビエト社会主義政権」が生まれ、驚くべき体制を敷いてから、ちょうど百年経ちました。同一のイデオロギーの下に結集した人々は、理想郷を目指して見たこともないシステムを創り上げ、完全なる人類の「平和」と「平等」を希求しました。しかし、その見たこともないシステムはまた、イデオロギーに賛成しない人々からは悪い夢として恐れられました。

強い憧れと震え上がるような恐怖を同時に体現した、幻の国家「ソビエト連邦」。その国家は今はなく、建国に携わった人たちもすでに一人も残ってはいません。しかし、対比する概念であり、勝利したはずの資本主義国家が現在、豊かになりすぎてむしろ疲弊しており、社会主義的要素を取り入れて立て直すことが論議されています。社会主義とは何なのか、ソビエト連邦とは何だったのか。その誕生の時を振り返りたくて、本を作ってみました。

題材に当時の風刺画を使っています。風刺画は後の歴史が手を加えていない一次資料です。一次資料の伝える内容が正しいとは限りませんが、絵は言語の壁をあまり気にせず、リアルタイムの雰囲気を知ることができる大変便利なツールです。権力の思惑で描き換えられることもなく、百年さかのぼったそのままの姿を眺めると、現在の認識とやけに違った様子もうかがえます。

一般的な一枚絵の風刺画とともに、コマ割りまんがも存在します。政治的コマ割りまんがは数少ないものの、百年前からありました。百年前のコマ割りまんがは、ソビエト連邦に限らず初めて見る方が大半だと思いますので、こちらを優先的に掲載しています。今の日本人であっても充分、楽しめる内容です。

ソビエト連邦はまた、「アネクドート」という政治的ジョークが世界一発達した国でもあります。ジョークのほうは時を経て、様々に変化してゆきますので、現代風にアレンジされているものも多いです。こちらは今、伝わっているものをご紹介いたします。

レーニン、トロツキーの建国からスターリン独裁体制確立まで。ユーモアを味わいつつ読んでいただきたいのですが、スターリンの国内政治は戦争より非情なので、本文とセットで読むと笑えない気持ちになるかもしれません……。その際は、風刺画&ジョークと本文を分けてお読みください。

なお、帝政時代のロシアはユリウス暦を使用しており、これは現在のグレゴリオ暦と一二～一三日ずれています。革命後、すぐに（一九一八年二月二日）レーニンがグレゴリオ暦を採用したのですが、これ以前の日付は分かりにくいので両暦併用で記してあります。

この本をきっかけに、幻の国家「ソビエト連邦」に想いをはせていただけると幸いです。

若林 悠

1	2
3	4

ヨーロッパ漫画は
この順番で読みます

ドミトリー・モール
革命期のボリシェヴィキ・ポスター　1919年

革命期のボリシェヴィキ・ポスター　1919年

作者不詳〈ソ〉

▶資本主義ピラミッド。

◉一九〇〇年に「ロシア社会主義連合」が作ったパンフレットの図案を元に、一九一一年に少し変更を加えて再生された英語版。資本主義社会の階級を表しています。頂点にあるのはお金です。ツァーリ（皇帝）を頂点とする非常によく似た絵は十九世紀からありました。

皇族　我々が支配する
聖職者　我々がだます
軍人　我々が殺す
貴族　我々が食べる
労働者　我々が食べさせる
　我々が働く

レーニンの最も有名な名言「働かざる者、食うべからず」を彷彿とさせる作品。

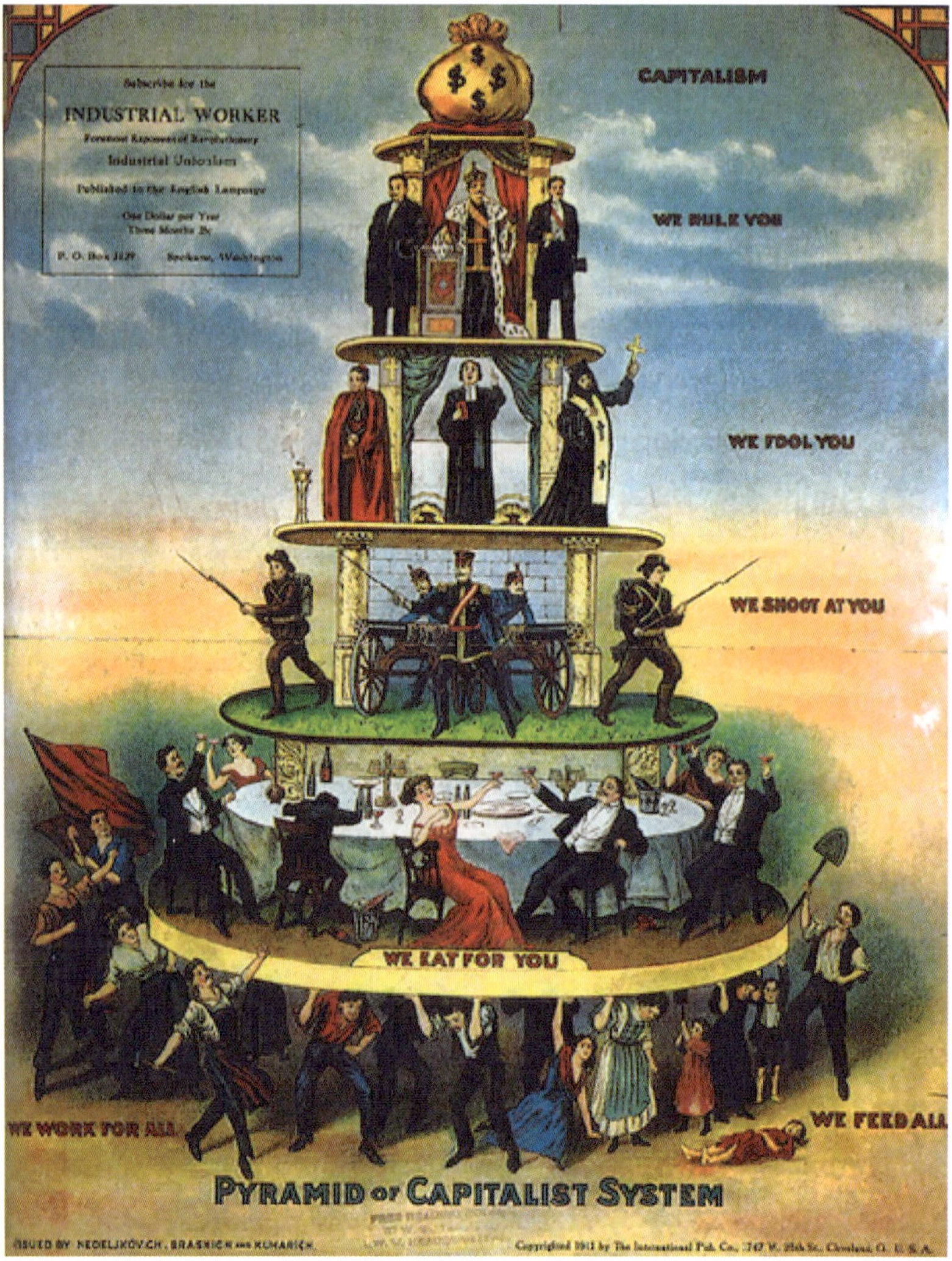

ジノヴィエフ
スヴェルドロフ　レーニン　トロツキー
カーメネフ　ラデック
ケレンスキー　ウリツキー　ラコフスキー　生け贄
銀貨三〇枚の男　ルナチャルスキー
赤軍兵士2人　クロンシュタットの水兵

作者不詳〈ソ〉

▲

一九一九年。

内戦期に白軍（＝白衛軍）によって作られた「反十月革命」のポスター。

◉マルクスの祭壇に生け贄を捧げ、気勢を上げるボリシェヴィキたち。祭壇には「国際主義」の文字。

これは共産主義の理念のことでもあり、共産主義の国際組織の名称「第三インターナショナル（＝コミンテルン）」のことでもあります。

生け贄は特にニコライ二世をモデルとしておらず、ロマノフ王朝の象徴として描かれています。

ボリシェヴィキの後ろで、成すすべなくうろたえているのは臨時政府首相ケレンスキー。

ボリシェヴィキの中に「30」の印の袋を持った男がいます。この男は、銀貨三〇枚でキリストを売ったイスカリオテのユダです。革命指導者の中にユダを混ぜたこの絵は「反ユダヤ主義の絵」ともされています。

赤軍兵士とクロンシュタットの水兵はアジアっぽい顔つきをしています。モデルなしの敵の人物に根拠なくアジア系を混ぜるのは、当時の白人国家の風刺画にしばしば見られたことで、これも差別意識の表れなのです。

作者不詳〈ソ〉

◀

一九二三年

キャプション1

「ベリンスキーという名の美容師」

壁の標語

「ここで人々は散髪し、ヒゲを剃り、血を入れかえる」

キャプション2

トロツキー「同伴者作家の皆さん、準備が出来ましたよ、はい、どうぞ！……おい、薄汚れた者たちを呼んでくれ。瀉血（交換輸血）してやるから」

◉ヴィッサリオン・ベリンスキーは十九世紀ロシアの文芸評論家。専制政治を批判し、ボリシェヴィキの革命思想に影響を与えました。

　文芸評論家としての顔も持つトロツキーが、軍服を脱いでソビエト連邦共産党機関紙『プラウダ』で客を包み、武力ではなく思想で社会主義を広めようとしています。

　標語は革命期の床屋で一般的に見られたもので、「身も心も綺麗に生まれ変わる」的な意味でしょう。

「薄汚れた者たち」は「反革命者」のことです。

　順番待ちしているのは同伴者作家（革命を支持しているが、完全な共産主義者ではない）たち。一番手前の帽子の男は文芸批評家アレクサンドル・ヴォロンスキー。後ろの大男は詩人のウラジーミル・マヤコフスキー。この立場の作家はプロレタリア作家から敵視されましたが、トロツキーは彼らを認めていました。

1920年 ボリシェヴィキ作成まんが

ソビエト式カブ

資本家じいさん「誰も見ないように引き抜いてしまおう。赤いカブなんてまったく災難だ」

抜けないので反革命ばあさんも呼ぶ

資本家のじいさん、ばあさん、助っ人に孫も呼ぶ

後ろから忠犬も手伝う

みんな吹き飛んで強く身体を打つ　ソビエトのカブは（革命を守らない）みんなを罰する
赤軍兵士「ほうら　抜けた」

1937年 ドイツまんが

ロシアの皇帝

ロシア共産党中央委員会は国民の信仰だ
ロシアの民はちりあくたの中にいる

そこではあおられ中で混じってしまい
民はすべてを木っ端みじんに砕いている

改装工事のため閉鎖
スターリン

自由はその血の中で死んだ
残ったのは古い暴力支配だ

民の信仰と神への信仰は失われ
ロシアの民は古いちりあくたの中にいる

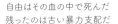

第一章 革命家たち

ニコライ・ブハーリン〈ソ〉

◉絵が得意な共産党幹部ブハーリンは、ノートの隙間によく党員たちの似顔絵を描いていました。

上：左からレーニン、トロツキー、スターリン

下：左からヴォロシーロフ、カーメネフ、ジノヴィエフ

大きいのは本人です。

カーメネフの絵は一九二三年に意見対立があった時に描かれたようで、思い切り感情が出ています（おしっこまでしています）。

ジノヴィエフの絵は一九二六年、超意見対立、かつ、権力闘争時期のものです。

顔は上手いけれど手は描けないあたりに、素人らしさが現れています。

マルクス主義

天界にいる五人のユダヤ人が「人間にとって最も大切なもの」について話し合っている。

モーセが頭に手を乗せた。

モーセ「大切なのは知恵です」

イエスが胸に手を当てた。

イエス「いいえ。大切なのは心です」

マルクスが腹を押さえた。

マルクス「きれい事はなしで。大切なのは胃袋でしょう」

フロイトが下半身を指さした。

フロイト「もっと大切なものは、さらに下にあります」

アインシュタインが言った。

アインシュタイン「皆さんのおっしゃるものは確かに大切です。しかし、すべては相対的価値で決まります」


一八四八年、資本家による労働者からの搾取や列強の植民地支配など、社会の矛盾を憂えたドイツのカール・マルクスが、友人のフリードリヒ・エンゲルスと一緒に『共産党宣言』を書きました。これは各国で発禁の憂き目にあいながら、全世界に多大な影響を与えます。マルクスはその後も『資本論』など次々に本を書き、理論の異なる他の共産主義を押しのけて「マルクス主義」が共産主義の一大潮流になりました。その主張は次のようにまとめられます。

社会の基盤は経済である。しかし、現在、生産手段を少数のブルジョアジー（資本家）が独占し、大多数のプロレタリアート（賃金労働者）から異常な搾取を行っている。ブルジョア支配は人間関係に、冷たい現金勘定以外のどんな絆も残さなかった。しかし、考えてみれば、社会の一部分による他の部分からの搾取は、過去のすべての世紀に共通した事実であった。すべての歴史は、ある階級がある階級から奪う階級闘争の歴史であったのだ。（ブルジョア、プロレタリアは個人で、ブルジョアジー、プロレタリアートは集団です）。

搾取から解放され、人が人として生きるためには、暴力に訴えてでも革命を起こす必要がある。

社会は封建社会（王政など）→①ブルジョア社会（資本主義）→②プロレタリア社会（共産主義）の順で発展を遂げると考えるのが正しい。工業化が進み資本主義が成熟すれば、必然的にごく少数のブルジョアジーと圧倒的多数のプロレタリアートが生まれる。そして、プロレタリアートは圧倒的多数であるがゆえに権力を握る。

すなわち、プロレタリアートの支配するプロレタリア社会が実現するのだが、その変化の時に暴力が現れるのも当然である。ブルジョアが黙って特権を差し出す筈はなく、その抵抗を覆さねばならないからだ。現在の法律、道徳、宗教は、ブルジョアがブルジョアを守るために都合よく生み出したものなので、この枠組みに従いつつ体制の転覆をはかるなど出来るものではない。共産主義者は、これまでのすべての社会秩序の強制的転覆によってのみ、自分の目的が達せられることを公然と宣言する。

しかし、圧倒的多数であるプロレタリアートの意志が通る社会は、いずれはすべての者の幸福へと繋がるだろう。生産手段を共有化、国有化することで、搾取が消滅し、生産性が急速に上がり、足りない物資を巡って争う必要がなくなり、秩序が保たれるようになるからである。そのような理想社会が実現する頃には、法や国家も必要性を失い、やがては溶けてなくなるだろう。

プロレタリアートは祖国を持たない。現在、人として国民として、正当な権利を与えられているプロレタリアなど皆無である。だからこそ、国家に帰属せず、帝国主義戦争などには当然、加担せず、民族の枠組みを超えて世界のプロレタリアたちが団結し、同じ階級意識を持って闘争するのが道なのである。
「万国のプロレタリアよ、団結せよ！」

……です。また、社会主義とは「ソ連型」の位置づけとしては、資本主義から共産主義に至る過程のことで、つまり②の初期に当たります。この移行期には暴力も登場しますが（プロレタリア独裁期）、理想の共産主義社会が実現すれば自然に平和が訪れると、マルクスは言っているのです。（ただ、「社会主義」「共産主義」の用語は、レーニンですら厳密な区別をしていないので、あまり気にしなくてもよいと思います。そもそも国名が「ソビエト社会主義共和国連邦」なのに、党名は「ロシア共産党＝後にソビエト連邦共産党」です）。

Q：社会主義と共産主義の違いがよく分かりません。
A：小麦粉と薄力粉の違いがよく分かるほうが、人生の役に立ちます。

なお、「共産主義は私有財産をすべて放棄させる」と一般的に思われていますが、マルクス自身は「生産手段の独占」はもっての外としても、「所有」については、「ブルジョア的所有＝過剰な独占」でなければ、「生命維持に関わる所有すら廃棄しようとは決して思わない」と多少であれば認めています。
多大な影響力を持った思想だけに、力強くてよく練られています。が、「人間の欲望」を考慮に入れなかったので、何でもありの「移行期」に腐敗と怠惰がはびこり、深刻な抑圧と物不足に悩まされ、しかも前進せずという最悪な結果を招きました。（指導者によります。キューバやベトナムはこのようになっていません）。ですが、植民地が当たり前に存在し、各国労働者も厳しい生活を送っていたあの時代には、人々を救う必要な思想であっただろうと思います。

ソ連は解放されているので、人民を苦しめる所得税など存在しない。それどころか所得すらない。

★

ソ連には二種類の人間しかいない。働くフリをする者と、支払うフリをする者である。

★

ソ連では物価が半分になっても誰も喜ばず、倍になっても困りもしない。そもそも店に品物がない。

★

Q：ロシア人が絶望する瞬間とは？
A：商品入荷の噂を聞いて買い物に出かけた際、彼の前方から来る人物のカゴがカラなのを見た時。
　あるいはその人物の持っているカゴに、商品が一つしか入っていないのを見た時。

「共産主義」の理論を打ち立てたのがマルクスで、その理論を実践したのがレーニンでした。世界各地に山ほどあった小さな共産主義政党のうち、レーニンが所属したのがロシア社会民主労働党です。この非合法政党は、設立後、数年でレーニンらの率いる「ボリシェヴィキ派」とライバルの「メンシェヴィキ派」に分裂を始めます。「ボリシェヴィキ」は多数派、「メンシェヴィキ」は少数派という意味ですが、たまたま多数派だった時期にレーニンが抜け目なく「ボリシェヴィキ」を名乗っただけで、多くの期間、ボリシェヴィキのほうが小規模でした。

マルクスの理論では資本主義社会の後に社会主義社会が実現しますが、ロシアでは工業化はまだ始まったばかり。ロシアより発展している英米独仏でさえ革命が起こっていないのに、とても社会主義へ移行出来るような条件にありません。そこで、「まずは『資本主義社会』を創るために資本家たちとも協力しよう」と言ったのがメンシェヴィキで、「冗談ではない。労働者のみで社会を変えるのだ」と主張したのがボリシェヴィキです。つまり、最終的ゴールは同じなのですが、そこへ持っていく方法論の違いにより激しく対立したのです。

勝ったのはボリシェヴィキでした。しかし、レーニンは政権を取ったものの、国家体制を創っている最中に脳梗塞で亡くなってしまいます。これがソ連（ロシア）にとって希望のない不幸の始まりでした。レーニンの後を継いだのがスターリンですが、世界初の社会主義国家はその後、あえて無限に引き延ばされる暴力肯定の移行期を、延々と続けます。

スターリンが地獄に到着した。
悪魔がマルクスの足元にスターリンを投げつけた。
悪魔「これがお前の『資本論』の配当だ！　受け取れ！」

一九九一年、ソビエト社会主義共和国連邦が崩壊すると、共産主義は敗北した思想として断定されることが多くなりました。しかし、最近は資本主義のほうも拡大しすぎた格差問題で制度疲労を起こしています。

昨年、資本主義国家の大親分であるアメリカの大統領選（予備選挙）で、「私は社会民主主義者」と名乗るバーニー・サンダースが大躍進したのが象徴的でしょう。彼は民主党内の大統領候補でありながら、トヨタ・プリウスに乗っている庶民派議員です。組織票がないので敗退しましたが、純粋な支持者の数ならトランプやヒラリーのはるか上をいっていました。また、ロシアでも競争に敗れた人や疲れた人の、「共産主義時代」を懐かしむ声がかなりの数に上っているようで、まだまだ共産主義は敗れていないのかも知れません。

（マルクス生存中は「マルクス主義」「社会主義」「共産主義」「社会民主主義」は皆同じ意味の言葉として使われていた

ようですが、十月革命以降、ソ連型の過激な「共産主義」と北欧型の穏やかな「社会民主主義」にはっきり分かれてゆきました)。

一九九一年、空からソ連を見ていたマルクスが叫んだ。
マルクス「私を許してくれ! 悪気はなかったんだ!」
二〇一六年、空からアメリカを見ていたマルクスが叫んだ。
マルクス「どうだ! 私の理論通りの世界がやって来た!」

★

Q:二十一世紀の共産主義国・労働者と資本主義国・労働者の共通点と相違点を述べよ。
A:似たようなものだがお互い相手をみくびっている。

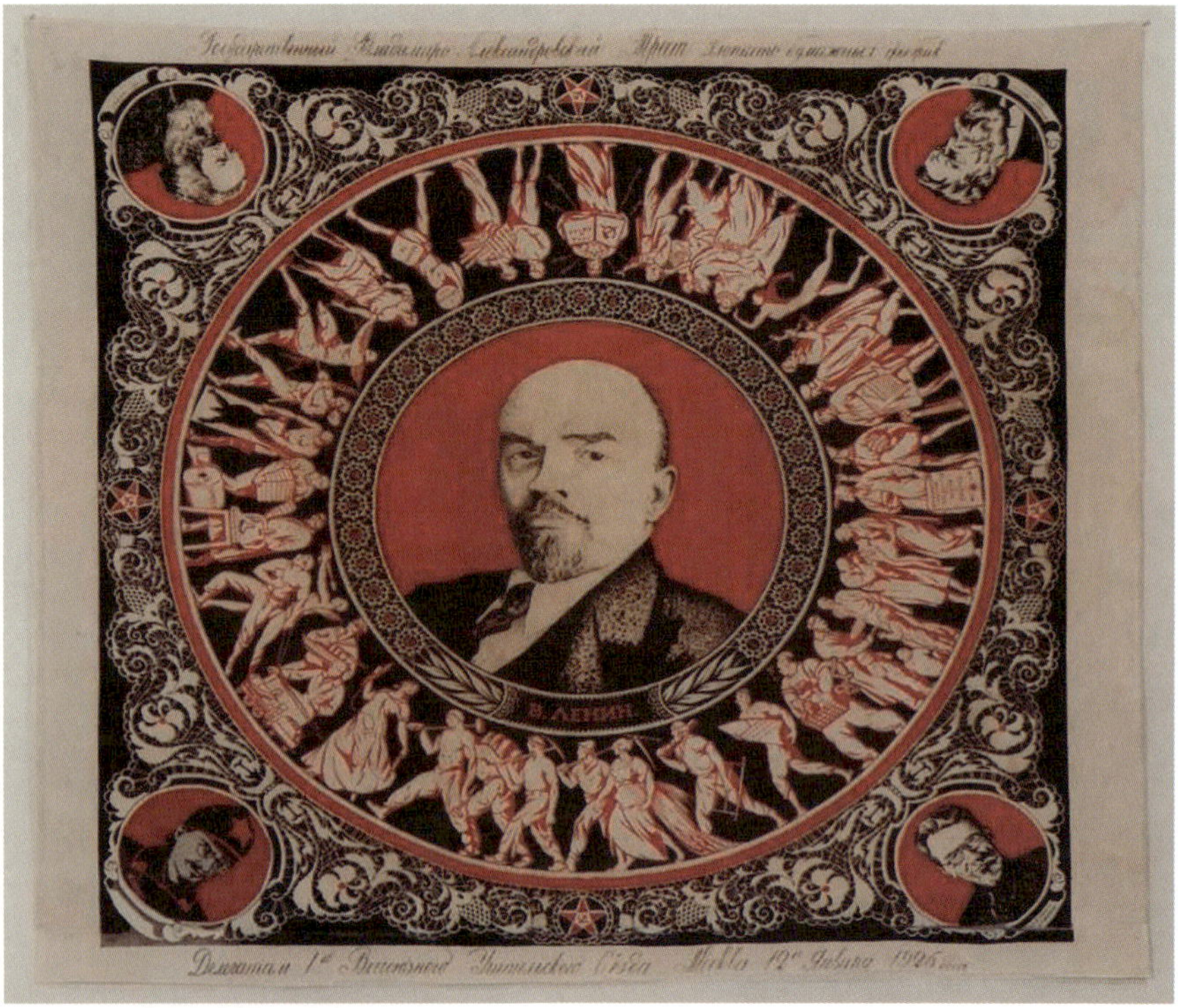

デザイン：

N・S・デムコフ〈ソ〉

革命を祝うキャンペーンの一環として、一九二四年製作、翌年、発表された芸術的なスカーフ。

◉中央にレーニン。四隅にマルクス、エンゲルス、トロツキー、カリーニン。

　レーニンを囲む労働者たちの円の中には宗教家のような服装の人もいます（一番上）。

　スターリンは粛清した党員の名前や業績を公的文書から消し、写真からも省いて歴史偽装を行いましたが、このスカーフも同じです。トロツキー追放後はトロツキー部分が意図的に切り取られたり、インクで塗りつぶされたりしていました。下は歴史物復元を専門とするロシアのグラバーリ・センターによる作業中の様子。

コンスタンチン・ロートフ〈ソ〉

◀一九二五年十二月の雑誌。

社会主義建設に励むボリシェヴィキたち。

◉スターリンが真ん中で、直接、手伝いをしているのがジェルジンスキー。

　電気技術局長官になったトロツキーは電球を交換。

　この人数なら以前は必ず入ったラデックがいません。代わりにモロトフが入りました。（トムスキー、ヴォロシーロフがいると思いますが、イラストの特定ができません）。

　ソ連のまんがは政権指導部の動きや思惑を正確に反映します。

1918年12月 ドイツまんが

マルクスの弟子たち

ロシア共産党レフ・トロツキーとドイツ独立社会民主党クルト・アイスナー

「我々はこの戦争に責任がある」

「いや、我々に責任がある」

「違う。我々にある」

「我々は我々に我慢できない」

「そうだ。我慢できない」

沈黙の中にしか平和はないのだろうか?

1920年 ドイツまんが

万国の労働者よ、団結せよ!

きのう、命令に背いた者たちは

あすには堅く団結して一つになる

資本主義者よ、あさってはただ気をつけよ
これは歴史的必然である

ウラジーミル・レーニン

レーニンが死んだ。

良き事をしたと信じている彼は、もちろん天国のドアを叩いた。

しかし、地獄に落とされた。

数日後、神に苦情を言うためにサタンが天国へやって来た。

サタン「全能の神よ！　地獄は今や、機能不全だ！　レーニンが罪人と悪魔を説得し、ボイラーと加熱炉を国有化。完全な秩序の下、全員が苦しんでいるのに誰もそれに気付かない。これでは罰にならない！」

レーニンは天国へ戻された。

数日後、神に苦情を言うためにサタンが天国へやって来た。

サタン「全能の神よ！　地獄は今や、機能不全だ！　レーニンがいないことに抗議して、罪人と悪魔がゼネストを宣言。全員が革命を起こそうと蜂起の準備をしている。レーニンを返してくれ！」

レーニンは神を感化していた。

神「初めに言っておく。神は存在しない」


一八七〇年四月十日（ユリウス暦。現在のグレゴリオ暦では四月二十二日）生まれのウラジーミル・レーニン（本名ウラジーミル・イリイチ・ウリヤノフ）は、ロシアの富裕層出身です。父は学校の視学官でしたが、働きを買われてどんどん出世、やがて下級貴族に列せられ地元の名士となった人です。

赤ちゃんの頃のレーニンは歩き始めるのがかなり遅く、やっと歩いても転んで床に頭をぶつけてばかりいたので、母は「この子は知能が足りないのではないか?」と心配していたそうです。しかし、体は弱いものの、知能は足りないどころか有り余っており、学校では大変に優秀な成績を収めます。

この頃のロシアでは革命を待ち望む空気が充満していましたが、両親はなるべく子供たちをその空気から遠ざけるように努力しました。両親の努力はしばらくは実っていたのですが、父が病死すると間もなく、レーニンが一七歳の時、長兄がツァーリ(皇帝)暗殺を謀って処刑されてしまいます。一家がこの事件について語ることはありませんでしたが、皆、人生を変える衝撃を受けています。早くに亡くなった子供たちを除き、レーニンを含めた五人の兄弟姉妹全員が革命家の道へと走り出しました。

ただ、レーニンの革命姿勢は独特でした。二一歳の時、レーニンの住んでいたヴォルガ地域に大飢饉が発生し、ほとんどの社会主義者は民衆救済に走り回るのですが、レーニンは平然としているどころか救済活動を非難しました。いわく、「人道的手段は効果がないばかりか有害である。資本主義の発展を遅らせ、すなわち社会主義の発展を遅らせる」。つまり、民衆が苦しめば、それだけ社会の矛盾を実感するから、苦しんだほうが良いと言っているのです。貴族であるレーニンは農地を所有しており、農民からの地代を収入源としていたのですが、この時、ビタ一文まけなかったそうです。救済活動に参加していた姉弟妹たちは、尊敬する兄レーニンのこの態度に驚愕しました。

Q: 共産主義者とは何か?
A: マルクスとレーニンの考えを学んだ者
Q: 反共産主義者とは何か?
A: マルクスとレーニンの考えを理解した者

長兄の処刑後、残りの全生涯を革命闘争に捧げたレーニンですが、スターリンの辞書にない「同情」「憐憫」の文字は、レーニンの辞書にもありません。未来に必ず訪れるはずの「平和で平等な理想の共産主義社会」を全身全霊で目指しながら、目の前で起こる個人的悲劇は無視するのがレーニンなのです。

その後、地下活動が発覚しシベリアへ流刑されますが、護送中、列車内が込み合っていることに腹を立て、囚人という立場をわきまえずに鉄道員を叱りつけます。法律の知識をフル活用した激論の末、なんとレーニンが勝って、もう一車両増やして混雑解消させることに成功しました。さらに、病弱な体質を武器として、最もすごしやすい流刑地へ送ってもらえるよう州長官に手紙を書き、これも認めさせます。到着後は流刑地にありながら女中まで雇い、刑期満了まで安楽な囚人生活を送ってマルクス研究に励みました。

これらの待遇は貴族の特権ではありません。貴族といってもレーニンは長兄がツァーリ暗殺未遂事件を起こしてしまった、支配者と世間から呪われている「没落貴族」です。レーニンは知識とガッツで闘い、自分の望む環境を確保しているのです。普通の人が思いつきもしないような夢物語にチャレンジして、現実のものとする能力がレーニンにはありました。

知性に惹かれたのか、大胆さが魅力なのか、女性革命家のクループスカヤがシベリアまでレーニンを追いかけてきて、二人は結婚しました。クループスカヤは有能、かつ忍耐強い女性でレーニンの大きな力となりますが、レーニンの姉妹たちはレーニンをとられたことを不愉快に思い、嫁いびりをしていたようです。

刑期を終えたレーニンはヨーロッパへ亡命し、ロシア社会民主労働党へ入党。ロシアで地下活動する革命家たちを団結させようと、新聞『イスクラ』の発行を始めます。また、書籍『何をなすべきか』を出版します。この二つはマルクス主義者たちの間に旋風を巻き起こし、レーニンは著名な革命家となりました。『何をなすべきか』の論旨は「地下政党」「中央集権化」「イデオロギー統一」などで、マルクス主義としては妥当な線なのですが、「実践行動」「暴力革命」「専門家による指導」の強調が際立っていました。『イスクラ』

と同時に手に入れた者にはインパクトは倍増だったと思われます。

しかし、ロシア社会民主労働党は程なくして「ボリシェヴィキ派」と「メンシェヴィキ派」へ分裂を始めます。原因はレーニンで、「党員資格を専従の職業専門家に限る」とし、専従でない協力者は党員と認めないことを主張したからです。途中で党員資格を厳しくするということは、つまり、今まで一緒に活動してきたメンバーの一部切り捨てを意味します。レーニンは「厳格な規律を守れる強固な意志をもった少数精鋭の党にした方が、革命のスピードが速まる」と判断したのでした。

「革命に必要か、否か」のみを唯一絶対の基準にして余分なものは削ぎ落としてゆく、レーニンのいつものやり方です。しかし、分裂後の『イスクラ』は最後にはメンシェヴィキの新聞となってしまい、この時からレーニンはボリシェヴィキの指導者でありながら、ボリシェヴィキの問題児でもある、矛盾した存在となります。

レーニン死後にスターリンによる国を挙げての神格化が行われ、「非の打ちどころなき人格者」「歩むべき道を決して間違わない預言者」「いかなる時も尊敬された真のリーダー」としてイメージ操作されますが、現実は途方もなく違ったようです。スターリンが神格化を行ったのは、もちろん、後継者たる自分の権威を高めるためでした。

レーニンは神でも人格者でもありません。自分の理論は絶対に正しいとして同意しない者は容赦なく切り捨てますが、切り捨て方が残酷ですし、そのくせ自分は何度も思想変遷していますし、しかも、思想変遷したことを間違っても認めませんし、権力を握ろうと党内で絶え間ない派閥抗争をやり続けますし、他人の欠点はすぐ見抜くのに自分の欠点には節穴で、他ならぬボリシェヴィキからどれだけ批判されてきたかしれません。

例えばボリシェヴィキとメンシェヴィキの明確な路線の違いは、第一段階のブルジョア革命の際に「ブルジョアと協力するかしないか」です。しかし、レーニンの主張する「ブルジョアと協力しないブルジョア革命」が現実的に可能かどうか、本質的な質問をされてもレーニンは答えもしません。それでいながら、党を分裂させるほどにメンシェヴィキを攻撃しました。「レーニン支持者でさえ、レーニンが間違っていると思う」ことは何度となくあるようでした。

ロマノフ王朝を倒すためならどんな勢力でも歓迎するレーニンは、日露戦争では日本が勝つことを望み、第一次世界大戦ではドイツが勝つことを望みます。しかし、ここまで完全に革命に奉仕する姿勢にほとんどの者はついていけず、レーニンは狂人扱いされ、いよいよ孤立してしまいました。革命前のボリシェヴィキには、マリノフスキーという名の「オフラーナ（ツァーリの秘密警察）」のスパイが潜入していたのですが、レーニンの支持者は妻と母姉弟妹以外には、そのマリノフスキーくらいしかいないという悲惨な時期もあったようです。事実、党（ボリシェヴィキ、メンシェヴィキの合同）の代表である中央委員を一〇名足らず選ぶ選挙で、レーニンは二年連続で落選しています。

それでもレーニンが党から放逐されず、指導者の一人として扱われていた理由については、メンシェヴィキが明快に説明しています。「一日二四時間、革命のことだけを考え、革命のこと以外は考えず、寝ている間も革命の夢を見ているような人間が他にいないからだ」。納得できない主張があっても、強引さに嫌気がさしても、レーニンの熱意だけは誰にも否定できないのです。そして、レーニンとの闘争に疲れ果てた者が離脱したなら、歯を食いしばって残ったレーニンが再び浮上するのです。そんなことが繰り返された後、第一次世界大戦中に成就する十月革命の頃には、その思想が広く理解され、その断固たる姿勢が圧倒的な信頼を得て、ボリシェヴィキを体現する押しも押されもせぬ大指導者となりました。

二月革命の後、来るべき十月革命を成し遂げるため、スイスにいたレーニンはドイツと戦争中であるにもかかわらず、ドイツの「封印列車」で帰ってきます。「封印列車」とは途中の乗り降りが禁止された列車のことで、輸送中に勝手に降りてドイツで共産主義演説などされたら、目も当てられないからです。そんな危険をはらみながらも、敵国ドイツが親切にしてくれるのは、もちろん、革命家を送り届けてロシア国内の混乱をあおるためです。戦争中は国の行き来が簡単には出来ないので、これはレーニンにとっても願ってもないことでした。

この列車に関してちょっとした小話があります。後にボリシェヴィキに入党することになるラデック（論争でレーニンを負かしたこともある強者）ら、総勢三二名の革命家たちが乗車していたのですが、列車内で煙草を吸う時に彼らはトイレを利用しました。しかし、そのため、トイレ前に長い行列が出来てひどいことになりました。レーニンは解決策としてトイレを「配給制」にします。紙を小さく切って「通常用トイレ切符」と「喫煙用トイレ切符」を作り、それを配布して事態を収拾したそうです。行列は瞬く間に解消し、喫煙派も禁煙派も納得して譲り合う理想の社会が生まれました。レーニンの手腕に唸ったラデックは「レーニンには革命政権の指導者になる素質があった」と賛辞を贈っています。

（実話）第一次世界大戦勃発時のオーストリアでの、ヴィクトール・アドラーと大臣の会話。

ヨーロッパ潜伏中のレーニンは「ロシアのスパイ」と疑われ、逮捕される危険があった。

社会主義者アドラーは断固としてレーニンを擁護した。

大臣「レーニンは間違いなくロシア政府の敵なのだな？」

アドラー「間違いありません！　閣下よりはるかに強硬な敵であります！」

Тов. Ленин ОЧИЩАЕТ
землю от нечисти.

ヴィクトル・デニ〈ソ〉

▼

一九二〇年発表のボリシェヴィキ・プロパガンダポスター。キャプション

「同志レーニンは不純物を掃除して地球を綺麗にします」

◉レーニンを描いたまんがとして最も有名な作品。ミハイル・チェレムヌイフの絵に基づき、デニが作成したとも言われています。

レーニンが皇帝、聖職者、資本家を掃き出して掃除しています。

この絵のミソは「ロシア」ではなく「地球」を掃除していることにあります。つまり「世界革命」へのボリシェヴィキの意欲を表しています。

ヴィクトル・デニ〈ソ〉

一九一七年、まさに革命期の作品。

キャプション

「忠実に勤めれば、正当な対価」

◉覆面男から裏切りの象徴・銀貨三〇枚を受け取るレーニン。その首には縄がかけられています。「銀貨三〇枚でイエスを売ったユダ」の聖書伝説がモチーフです。

覆面男がドイツ皇帝ヴィルヘルム二世にそっくりのヒゲで、頭上の角もドイツ兵のヘルメットを連想させることから、「レーニンはドイツのスパイ」説を表していると思われます。

これを描いたのは前ページの「同志レーニンは不純物を掃除して地球を綺麗にします」と同じ作者。ソ連に個人の意見はありません……。

一九二三年の初め頃、署名付きのこの絵が発見され、「誰が描いたのでしょう?」という文面とともに、ソ連の風刺(プロパガンダ)雑誌『クラースヌイ・ペーレツ』に転載されました。真っ青になったデニはレーニンの妹マリアに助けを求めます。レーニンが「そんな些細なことで騒がなくていい」と言ってくれたおかげで命拾いしました。デニはスターリンの大粛清も無事に切り抜け、戦後、普通に亡くなりました。

エーリッヒ・シリング〈独〉

一九二四年二月。

レーニンが亡くなった直後の作品。

キャプション
「マルクス主義って何ですか?」

◉ボリシェヴィキ版マルクス主義を理解できないマルクスが、天界でレーニンの講義を受けています。

天の星は輝いていますが、レーニンの持つソ連の星は鎖付きで重そうです。

しかも、マルクスが人間らしい身体つきなのに、レーニンはやけに硬そうです。

1922年 ドイツまんが

人類の進化

1918年のボリシェヴィズム
「俺に逆らう奴はぶっ殺してやるぜ」

1922年のボリシェヴィズム
「通商条約締結のためイギリスとフランスの特命全権公使をお連れ下さい」

レフ・トロッキー

一九二九年、レフ・トロツキーはソ連から追放された。
そこで彼はひそかにアメリカ・ケンタッキー州へ渡り
一九三〇年、カーネル・サンダースと名乗って
プロレタリアートのために安い食物の提供を始めた。
これが歴史偽造でないことは
ＫＦＣの看板を見れば誰でも分かる。

レフ・トロツキー（本名レフ・ダヴィドヴィチ・ブロンシュテイン）は、レーニンと二人三脚で十月革命を成就させた革命の英雄です。

一八七九年十月二十六日（グレゴリオ暦十一月七日）、ウクライナで一代で財を成したユダヤ人大地主の息子として生まれました。レーニンより九歳半ほど年下です。ですが、公式用に誕生日を変えていて、一年前倒しの一九七八年十月二十六日生まれということにしていました。これは、学校に入ろうとした時、年齢が足りなかったのでごまかしたそうです。

飢えも寒さも知らず恵まれた子供時代を過ごしたトロツキーですが、自分の父親が小作人に辛く当たるのを見て不平等な階級社会に疑問を持ち、一六歳頃から社会主義運動に傾倒してゆきます。一七歳で早くも地下活動団体を創設し、労働者たちを集めて新聞の発行を始めました。その新聞はコンニャクに文字を彫って、版画のように印刷すると

右：カーネル・サンダース
左：レフ・トロツキー
店名はドイツ店の表記になっております

Kommunist Fried Chicken

いう大変、原始的なものでしたが、つたないやり方の割には多くの読者を獲得しました。翌年、捕まって監獄へ入れられますが、逮捕者は二〇〇人以上いたそうです。

活動家の女性と獄中結婚し、二人ともシベリアへ送られました。レーニンと違って過ごしやすくはないのですが、しかし、寒いだけで強制労働などはなく自由時間は充分でした。

シベリア受刑者の望み

受刑者「トナカイがいるだけでは暇つぶしができません。ソリが欲しいです」

こんなジョークもささやかれるのどかさです。

ただし、シベリアの家でトロツキーを待っていたのは、トナカイではなくゴキブリの大群でした。トロツキーは仕方なく命がけですべての窓を開け放ち、自分も凍えながらゴキブリの大量殺戮を繰り返したようです。殺戮が終わると革命家としての使命に燃えます。

トロツキーはシベリアへ送られた。

革命準備のため、同志と団結することにした。

トロツキー「寒い……。互いに協力してからだを温め合わなければ」

新妻「それがプロレタリアの意志なのね」

そして、同じ階級の極左のチビを二人こしらえ、プロレタリアートの勢力拡大を謀った。

政治犯たちと論争したり、ヨーロッパの社会主義新聞に記事投稿したりして過ごしていた時、レーニンたちが創ったロシアの社会主義新聞『イスクラ』を入手します。「行動を鉄の規律に結び付けた革命家の中央組織を創る」という声明に感動し、いてもたってもいられず妻子を残して脱走。ですが妻も闘士なので、当然のこととして送り出してくれたそうです。しかし、脱走した後、二番目の妻と知り合い、また結婚してしまいました。一番目の妻が阿修羅となって追ってきそうな展開ですが、トロツキーにはトルコのスルタン的手腕でもあったのか、一番目の妻とも連絡を取って、案外、平和な関係を保っています。極左の二人のチビ(娘)は、主にトロツキーの富裕な両親に育てられました。

レーニンとその妻クループスカヤが亡命していたイギリスへ辿り着き、大変気に入られて親切にしてもらいますが、ロシア社会民主労働党は間もなく、ボリシェヴィキ派とメンシェヴィキ派に分裂を始めます。革命の大義のためにあっさり仲間を切り捨てる、レーニンの非情さに反発したトロツキーは、レーニンを振り切りメンシェヴィキに入りました。しかし、後には「レーニンが正しかった。中央集権体制は必要なことだった。私はまだ革命を現実として捉え切れていなかった」と語っています。

その後、トロツキーはメンシェヴィキに一年ほど在籍しますが、方向性が合わずに離脱。一九〇五年にロシアで初めの大規模な民衆暴動が起こった際には、すぐさま帰国し「第一次ロシア革命」を指導して、革命家として名を上げました。

鎮圧された後は、また、ヨーロッパへ亡命して活動していましたが、第一次世界大戦が始まると、当時住んでいたフランスから中立国スペインに強制送還されます。そしてスペインでは、そもそも言葉が通じず何もしていないのに、「危険思想の持ち主」として逮捕されました。

ですが、担当刑事はトロツキーが憎くて取り締まっているわけではないので、意外に親切でした。「この人は偽札を作る犯罪者ではなく、ちゃんと代金を払う紳士です。少し頭がおかしいだけです」などと、周囲の人に誤解を解く説明をしてくれたようです。トロツキーの激しい人生には、迫害する側でありながら本音では同情的な人がよく出てきます。が、躊躇なく奪い尽くす人（スターリン）のほうが、もちろんはるかに大勢いました。

スペインから今度はアメリカへ追放され、ニューヨークで活動を始めますが、そこへ再度のロシア民衆暴動（二月革命）のニュースが飛び込んできました。しかも、すでにツァーリが倒され、社会主義者と自由主義者の連立政権が誕生したというのです。またまた、いてもたってもいられなくなったトロツキーは、「ブルジョアを含む連立政権を打倒し、純粋なプロレタリアートの単独政府をつくる」と宣言して帰国を急ぎます。トロツキーはもともと、「後進国ロシアでの革命は、ブルジョア革命→プロレタリア革命という二段階を経ずとも、一気に達成できる」という独自の「一段階革命論」を唱えていました。つまり、今こそ、その時なのです。

が、いきり立って船に乗ろうとしたところを、やはり、またまたまた逮捕されてしまいます。

今度はイギリスの差し金で、カナダの収容所に叩き込まれました。そこにはロシアとの戦争真っ最中のドイツ人捕虜と、現地労働者たちがいました。将校一〇〇人、兵士五〇〇人、労働者二〇〇人の、合計八〇〇人です。ですが、新しく入って来たロシア人が社会主義革命家だと知ると、興味を持ってトロツキーの話を聞いてくれたそうです。ドイツ人将校には無視されましたが、一般兵士や労働者とは仲良くなりました。

トロツキーは違法に拘束されているので、一応、ドイツ人将校と同じく特権的な扱いを受けていたのですが、一般兵士たちと組んで「等しく床磨きをする権利」や「等しく便所掃除をする権利」を勝ち取りました。将校がトロツキーに話をさせないよう仕組んだ時も、兵士と労働者は五三〇人の署名を持って「トロツキーが話をする権利」を要求してくれました。トロツキーの釈放の日には、彼らはトロツキーを肩の上に担ぎ上げ、「トロツキー、万歳!」と叫び、唄を歌って送別してくれたそうです。

嬉しい思い出を胸にロシアへ帰ったトロツキーは、「革命の立役者」となり、「プロレタリアートの単独政権」を打ち立て、「赤軍の英雄」に上りつめます。トロツキーの父親は息子の起こした革命により、血と汗で築いた土地と財産のすべてを取り上げられてしまうのですが、息子が国の大立者になったことのほうを喜んでいたようです。革命に続く内戦が終わった頃、トロツキーがレーニンとともに設立した社会主義の国際組織「第三インターナショナル（別名：コミンテルン）」の大会で、報告している時に亡くなりました。


十月革命直前、ペトログラード議長のトロツキーが演説をしていた。

先妻ソコロフスカヤと子供たちも聴きに行って拍手をした。

敵対勢力はこうやってターゲットの懐に忍び込むのだ。

根回しの下手なトロツキーにも、この手腕を学ばせたいものである。

作者不詳〈独〉
▶
一九二一年。

キャプション
「ロシアの冬の絵」

「陽気なトロツキーは恥ずかしがらずに生活」

◉内戦中、溶けた雪下から人の形が現れても、楽しそうなトロツキー。

　現代日本の福本伸行先生が描かれたのではありません。九六年前のドイツ作品。

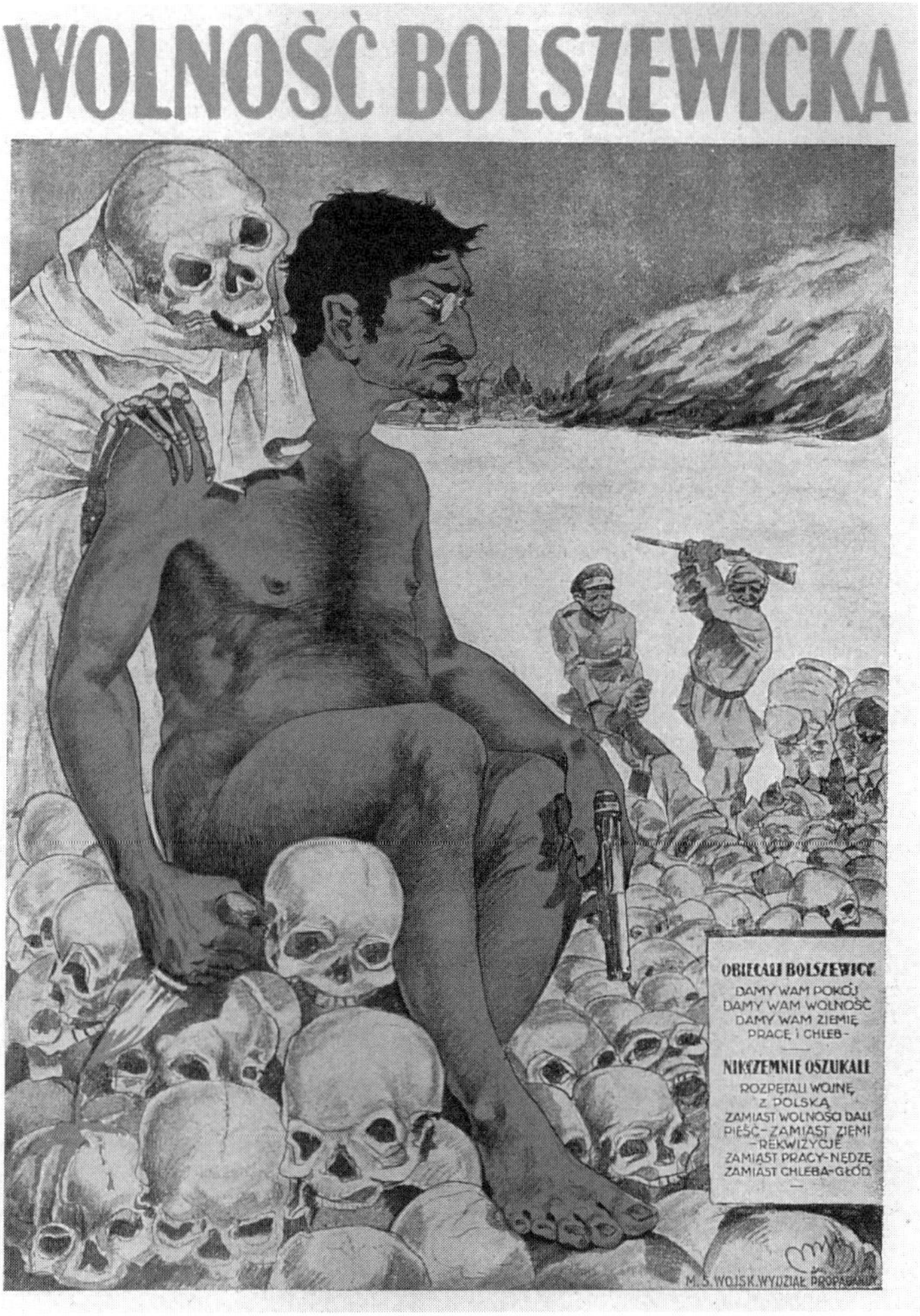

ポーランド・公式ポスター

▲一九二〇年。「ソ連・ポーランド戦争」中のポスター。

キャプション

「ボリシェヴィキの自由」

「ボリシェヴィキは約束した。

私たちはあなたに平和を与える。

私たちはあなたに自由を与える。

私たちはあなたに土地と仕事とパンを与えると、卑怯な偽りの言葉を述べた。

彼らはポーランドとの戦争を開始した。

自由の代わりに鉄拳。

土地の代わりに徴発。

仕事の代わりに窮乏。

パンの代わりに飢饉という悲惨。」

◉銃とナイフを持ったはだかのトロツキーがガイコツの山に座っています。

一九二〇年のロシアはまだ内戦中で「ソビエト連邦」が成立していませんが、この戦争は現在、この名で呼ばれています。

1920年代 フランスまんが

トロツキーへの6つのお願い

世界を熱さなくていいので
レストランでサモワールを熱して下さい

国の運営をしなくていいので
車の運転をして下さい

人々の意識を変える代わりに
外貨の両替をして下さい

連帯を指示するのではなく
自身が彼らと連帯して下さい

ブルジョアを埋めなくていいので
キャベツを植えて下さい

あらゆる委員会に参加するのではなく
一番重要なことだけして下さい

Q：黒海に臨む小国グルジアの生み出したものは？
A：温暖な気候とおいしいワインと世界一凶暴な靴屋の息子。

ヨシフ・スターリン

ヨシフ・スターリン（本名：ヨシフ・ヴィッサリオノヴィチ・ジュガシヴィリ）は一八七八年十二月六日（グレゴリオ暦十二月十八日）、カフカース地方のゴリ市で生まれました。現在のグルジアです。黒海とカスピ海の間に位置し、交通の要所であるこの国は、歴史上、他民族の侵略を受けることが多く、スターリンの生まれた時にはロシア領になっていました。

一八七八年十二月六日生まれというのはゴリの教会や出身校に記録が残っているのですが、スターリンも誕生日を変えていて公称では一八七九年十二月二十一日です。スターリンのほうは、なぜ、わざわざ誕生日を変えているのか、理由は明かされていません。「何かの陰謀に関係するのではないか？」などと疑われていますが、案外、一歳年下の政敵トロツキーより僅かでも若く設定して、自身の有能さをアピールしたかっただけかもしれません。レーニンよりは八年八カ月ばかり年下です。

スターリンの父は腕のいい靴職人でしたが、暴力的で飲んだくれで、勉強の好きなスターリンの邪魔をするので、仲が悪かったようです。母も厳しい人でしたが、信仰に厚く、教育熱心で、スターリンを可愛がりました。先に生まれた二人の兄はすぐに亡くなってしまったので、一人っ子のようなものです。父が出稼ぎに行ったまま帰って来なくなると、母子は地元司祭の家に同居させてもらうようになります。幼少時代のスターリンは大変優秀な子供で、五歳の時には司祭の一三歳の娘に読み書きを教えていたそうです。

六歳の時、馬車に轢かれて重傷を負い、しかし、医者にかかるお金がなかったので治療が出来ず、そのため、左腕がほとんど動かなくなりました。残された写真や肖像画を見ると、たいがい左手にパイプを持っていますが、これは曲がってしまった左腕の障害を隠すためだったようです。

貧しい家庭、ロシア人から差別を受けるグルジア人、障害者、身長も低い（スターリンは顔が小さくて恰幅がいいので、単独写真では大きく見えます）……などなどで、傲慢な反面、「コンプレックスの塊になった」とも言われています。が、少なくとも子供時代は活発な性格であったらしいです。

母は学校に通わせてくれました。初等神学校を首席で卒業し、グルジアとしては最高学府である中等神学校へも進学。しかし、神学校とはいえ校風は反抗精神に満ちていて、スターリンが入学する二年ほど前には、押し付けられたロシア化に腹を立てた学生による、ロシア人校長射殺事件まで起きています。ロシアがグルジアの大学開設を禁止していたので、信仰心のない学生も一般大学の代わりに、多数、入学していました。

神学校最大の反抗とは「神を疑う」ことです。この校風に身を浸したスターリンは、禁止されたダーウィンを読み、ヴィクトル・ユーゴーなど政治問題を扱う作家を読み、さらに、マルクス主義へと傾倒してゆきます。

人が革命家になるには、「支配者層への反抗心」か「虐げられる者たちへの同情心」のうち、どちらかの要素は持つと思われますが、スターリンの人生に「虐げられる者たちへの同情心」はどこを探しても見当らず、むしろ、強者も弱者も含め、全人類を憎んでいたように感じます。現存するすべてを嫌い、破壊したくて革命を志したのかもしれません。

あるいはマルクス主義が持つ、「暴力肯定のイデオロギー」「鉄の規律」「秘密の地下活動」などの性質に、自分の個性との相性の良さを感じ、能力を発揮できる予感を抱いたのかもしれません。

Q：「ソ連における人生」とは何か？

A：荒道をゆくバスのようなもの。一人が運転し、他の全員は座って振動に耐える。

（ソ連では座る＝「収容所留置」、壁際に立つ＝「銃殺」の意味があります）

校内で左翼活動を始め、何度も注意や懲罰を受けて目を付けられたスターリンは、ついに退学となりました。閉鎖社会における支配構造はここで学んだと言われています。外交的だった性格が「無口」「内向的」と一変するのもこの頃です。

信心深い母は、神の道を捨てた息子にたいそうがっかりしたようです。大人（というより最高権力者）になった息子が、休暇で久しぶりに母の許を訪れた時の会話が残されています。「今、何の仕事をしているの？」と聞いてきた母に「ツァーリみたいなものだよ」と答える息子。すると、母は残念そうに「司祭様になってほしかったのに」と言ったそうです。今や無敵の息子スターリンは、昔と変わらぬ母のその言葉を喜びました。

それぞれの国における世界的に有名な悪人を挙げよ

ドイツ　アドルフ・ヒトラー
ロシア　ヨシフ・スターリン
イタリア　ネロ・ゲルマニクス
カンボジア　ポル・ポト
中国　毛沢東
日本　ジャイアン（剛田武）

神学校退学後、気象台の職員の仕事をしながら、あるいは無職で寄付金を当てにしながら、スターリンは社会主義活動を続けます。トロツキーがシベリアでレーニンの『イスクラ』や『何をなすべきか』に夢中になっていた頃、スターリンも同じものを入手し同じように感銘を受け、レーニンを慕ってロシア社会民主労働党に入党。活動家としてコツコツ「真面目に」働いていたようです。

地下活動時代の主な実績としては①労働者のための集会を開く、②党のためのサークルを結成、③労働者を組織してストライキを実行、④デモも実行、⑤論文執筆、⑥党の資金集めのための銀行強盗、⑦同じく列車強盗、⑧同じくユスリ、⑨同じくタカリ、⑩同じく……。

ゴロツキぶりも遺憾なく発揮。二三歳での初逮捕から三八歳で十月革命が成就するまでの一五年間に、七回の逮捕と五回の逃亡を経験しています。「逮捕」「監獄」「シベリア流刑」は活動家にとって名誉な経歴なので、ないと箔がつきませんが、それにしても捕まりすぎです。

なぜそんなに捕まるのかというと、党の中に「オフラーナ」のスパイ・マリノフスキーがいたためで、シベリアから戻るたびに密告されているからです。マリノフスキーはレーニンを支持するフリをしていたあのスパイで、ボリシェヴィキの大幹部でした。初めは純粋な党員だったのですが、「オフラーナ」に逮捕された時、「スパイになるなら釈放する」という条件を出されてスパイに転身していたのです。

マリノフスキーと会っている最中、「オフラーナ」に尾行されていることにスターリンは気づきます。直後、スターリンは逮捕されますが、マリノフスキーには手が回りませんでした。この情報を含め、マリノフスキーにはいくつかの疑惑がありましたが、レーニンは何があっても彼をかばい続け、革命で「オフラーナ」が解体され、動かぬ証拠が出てくるまでは頑なに信じていました。

マリノフスキー個人は銃殺されて決着が付いたのですが、スパイが堂々と党の中枢でレーニンと自分を騙していたことは、スターリンの心に絶対に消えない猜疑心を植え付けました。後年、「捕虜はすべて裏切り者」「外国への渡航経験を持つ者はすべて怪しい」「他国からの亡命者もすべて怪しい」「その妻も共犯」とエスカレートしてゆき、犠牲者総数二〇〇万人を数える「大粛清」へと発展しますが、原因はこれだとも言われています。スターリンの人間性に決定的な変化をもたらしたのか、もともと備わっていた本性に、一つのきっかけを与えたにすぎないのかは分かりません。

逮捕のたびに逃亡できた理由は、単にシステムが甘かったからで、流刑地シベリアには警備兵が一人しかいないような、貧弱体制の場所も多かったからです。シベリアなので逃亡に失敗すると凍死しますが、覚悟を決めれば逃げられるのです。

ソビエト連邦において
四〇℃は暑さではない。マイナス四〇℃は寒さではない。
四〇キロは距離ではない。四〇度は酒ではない。

ここでのスターリンは政治犯たちと論争する以外は、常に本を読んでいたといいます。政治犯が政治的な本を入手、読書し、政治談議も出来るのですから、警備は本当に甘々です。が、ここでも自前の非寛容ぶりを遺憾なく発揮。仲間の囚人が釈放されたり亡くなったりして新しい本が手に入っても、自分専用にして決して誰にも貸さなかったそうです。

Q：共産主義の最も素晴らしい点は？
A：仲間と分け合うことです。
Q：共産主義の最も不愉快な点は？

A：仲間に分けさせられることです。

しかし、スターリン体制後のシベリア流刑はこのようなものではなくなりました。実態を知っているスターリンは「やり方が手ぬるい！」と叫び、見張りを厳重にした上で極寒地での強制労働を始めさせます。シベリアの資源に目を付けて、無料の労働力で限界まで酷使、開発させました。

流刑者たちは政権に歯向かった見せしめとして、文字通り「死ぬまでこき使われる」ことになります。

▼ミハイル・ドリゾ〈仏〉

一九三七年。

キャプション

「古き良き私のリトヴィノフよ。君は私が一九〇七年にチフリスで銀行強盗したことなど覚えているのかね？」

「偉大なる同志スターリン。私は私がその金をフランスの銀行から引き出そうとしたことなど覚えていませんよ」

ヴェルナー・ハーマン〈独〉

◀一九三七年。

キャプション

「パリでは展覧会の開幕に合わせてホテルの従業員らが、ロンドンでは戴冠式に合わせてバス運転手らが、ストライキを決行するぞと威嚇している。お客たちは、この上なく温かく迎えられる」

◉パリとロンドンと言いつつ、ストライキをしている労働者はスターリンにそっくりです。

1927年 フランスまんが

ロシアのクリスマスツリー

ソ連政府は商売を禁止し、
クリスマスツリーも廃止することを決定した

ロシアのクリスマスツリーは以前はこんな感じでしたが…

もうなくなって その残骸はこんな感じです

第二章　ロシア革命

アルトゥール・クリューガー〈独〉

▼

一九一八年八月。

キャプション

「ロシア協商」

「爆弾を使ってもよいが、ドイツ人とボリシェヴィキに対してのみ使用すること」

◎「協商」とは複数国家間のゆるい協力関係のことです。公的文書を取り交わすと「同盟」に格上げされます。

　第一次世界大戦では英仏露米伊日などの「協商国（＝連合国）」と、独・オーストリア＝ハンガリーなどの「同盟国」が闘いました。

　指令を出しているパイプをくわえた人物は、スターリンではなく（似ていますが）白軍の将校です。

第一次ロシア革命

プロレタリアとブルジョアとツァーリの生活の違い

プロレタリアは早朝に起きて、朝食を食べると、すぐに仕事に取りかかる。昼寝を始めると同時に妻に起こされ、深夜までまた仕事する。

ブルジョアは昼まで寝ていて、昼に朝食を食べ、その後少しだけ仕事する。夕方に昼寝して、昼寝の邪魔をされないようにドアの外に見張りを立たせる。

ツァーリは一日中寝ていて、次の日に朝食を食べ、その後また昼寝する。昼寝の後も昼寝して、昼寝の邪魔をされないように兵士が面会人に銃を向ける。

ロシア革命と呼ばれるものは三度に分けて起こっています。一度目は一九〇五年。首都サンクトペテルブルグ（第一次世界大戦勃発時にペトログラードと改名、さらにその後、レーニン没時にレニングラードと改名）の「血の日曜日」事件に端を発した第一次ロシア革命です。長らく続く帝政支配に苦しめられてきた人々が、ロシア正教会のガボン神父に率いられ、ツァーリにパンや自由を求めてデモを起こしました。デモといっても「ツァーリさまにお願いに行く」という意識の人々が、失礼のないように自分の一番良い服を着て、平和的に行進していただけのことです。この頃のロシアでは食糧難や抑圧による生活苦で、多くの民衆が帝政に不満を抱いていましたが、一方でツァーリに対する敬愛の念もまだ生きていました。しかし、デモのあまりの人数の多さ（一〇万ともいわれます）に恐れをなした軍が発砲、推定一〇〇〇人の死者を出してしまいます。これが民衆を逆上させて、あっという間にロシア全土で騒乱が起こりました。この時、ニコライ二世は首都におらず、発砲もニコライ二世の指示ではありませんでした。しかし、それまでツァーリを尊敬していた大多数の民衆は、この事件をきっかけに「血のニコライ」とあだ名を付けて、ニコライ二世を憎み始めます。ニコライ二世は決して暴君ではないのですが、世情にうとく、民衆の生活改善に心を配ろうとはしませんでした。騒乱は二年半も収まらず、その間に日露戦争にもまさかの敗北を喫し、ツァーリの権威はガタガタに落ちてゆきます。

これは自然発生的な事件であり、民衆が自発的に起こした革命運動でした。社会主義思想を広める努力をしていたボリシェヴィキ、メンシェヴィキの他、いくつもあった政党は不意を突かれて何も出来ませんでした。ガボン神父のヨーロッパ亡命と入れ替わりに、多数の革命家たちが帰国してはいたのです。が、「血の日曜日・一周年」に狙いを定めて始めた準備は、大衆の盛り上がりのピークに間に合わず、タイミングがずれてしまいました。

ボリシェヴィキはヨーロッパ潜伏中のレーニンの帰国が遅れたことが痛かったです。レーニンには「早く帰ってきてくれ」との要請が出ていましたが、「自分こそが唯一絶対の指導者であり、自分がいないと革命は成功しない。だから、二度と捕まってはならない」と信じるレーニンは、逮捕の危険がなくなるまで半年も動きませんでした。しかし、結局、「唯一絶対の指導者がロシアへ帰りもせず、外国から指令を送っただけでは革命は成功しない」という、手痛い教訓を学ぶことになります。

この時、どの政党にも属していなかった二六歳という非常な若さのトロツキーだけが、その演説力、筆力を存分に発揮し、首都で大活躍しています。当時、ロシア各地に「ソビエト（評議会）」という名の労働者・農民・兵士による集会が自然発足していたのですが、サンクトペテルブルグ・ソビエトの議長となり、民衆を煽って革命運動を盛り上げました。「ソビエト」幹部は一斉検挙され、トロツキーも逮捕されましたが、第一次ロシア革命は民衆が団結できることを証明し、ツァーリに国会開設の要求を呑ませたのです。これは後に成就する十月革命の予行練習ともいうべき、重要な出来事でした。
一定の成果を上げたので運動は終息します。(後で骨抜きにされます)。トロツキーはシベリア護送中にトナカイのソリに乗って吹雪の中を脱走、そのままヨーロッパへ亡命。レーニンも国外脱出をはたしました。

あなたはどこで生まれましたか?
サンクトペテルブルグです。
あなたはどこの学校へ行きましたか?
ペトログラードです。
あなたはどこの職場で働いていますか?
レニングラードです。
あなたはどの都市に住みたいですか?
サンクトペテルブルグです。

アルトゥール・クリューガー〈独〉
▲
一九〇五年。
キャプション
「猛獣使い(ニコライ二世)は興奮したその動物(ロシア国民)から、身を守ることが出来るのでしょうか?」

バーナード・パートリッジ〈英〉

▼

「フロンティア」と書かれた境界線上で威嚇し合うサムライと熊。

◉一八九五年の日清戦争後の三国干渉以来、アジアの利権を巡ってずっと対立している日本とロシア（ソ連）を表しています。

この絵は一九三八年に描かれたので、熊がソ連のシンボルである鎌とハンマーを持っています。

右上の文字は単に作家のサインです。

1905年 ドイツまんが

ドイツの慈善事業—異なる質量—

プロイセン修道院の料理場では大臣たちのカップの大きさには制限がありません
単なる議員の物乞いたちには厳しく当たります

ロシアの慈善事業—中身の変化—

ニコライ二世

サンクトペテルブルグの宮殿では助け合い精神の公債は軍艦製造に変わります

農民が片足で立って畑を耕している。
旅行者が尋ねた。
旅行者「なぜ、両足で立たないのですか？」
農民「私の畑は狭いので、両足で立つと耕すことができません。まず、右足の下の土地を耕し、次に左足の下の土地を耕すのです」

二月革命

二度目は第一次世界大戦中の一九一七年二月（グレゴリオ歴三月）に起こった二月革命です。

王宮内では怪僧ラスプーチンが権力を振るい、王宮外では長引く戦争の苦しみと、改善されなかった労働条件に対する民衆の怒りが渦巻いていました。ツァーリの威信は地の底です。今度は革命勢力がこの機運を首尾よく利用しました。

工場労働者のデモが起こった際に、運動をあおりクーデターを決行。第一次ロシア革命の時にはツァーリに忠実だった軍も、今度は民衆に味方しました。将校は貴族ですが、一般兵士は戦争に駆り出されただけの農民なので、本来、民衆の気持ちが分かるのです。発砲しない軍を見て勢いを得た民衆と社会主義者は、ニコライ二世の退位を要求して「臨時政府」を打ち立てます。軍に背かれ孤立したニコライ二世は成すすべもなく要求を受け入れ、ロマノフ王朝はその三〇〇年の歴史に幕を閉じました。

この時に登場したのが「臨時政府」と「ソビエト」の二つの権力です。

ツァーリに解散させられた国会の議員たちが、カデット党の自由主義者を中心に「臨時政府」を創り、やはり解散させられていた「ソビエト」も民衆と社会主義者たちが結びついて復活させました。この「ソビエト」が「臨時政府」を承認することで、「臨時政府」は「政府」となれたのです。つまり、二重権力と言っても「ソビエト」のほうが立場が上でした。社会主義勢力「ソビエト」が自由主義勢力「臨時政府」を支持した理由は、もちろん、マルクス理論に従い、まずはブルジョア革命を成立させるためです。

ですが、「ソビエト」の主役はエスエル党とメンシェヴィキ。（その後、彼らは「臨時政府」にも入閣します）。党員数わずか二万五〇〇〇人のボリシェヴィキは脇役でした。スターリンを含む国内指導者層の大半は、脇役としてでも「ソビエト」を通じて「臨時政府」に協力し、妥協しながらそれなりの地位を保とうとします。「自由主義者との協力」も「臨時政府」の方針である「戦争続行」も、ボリシェヴィキ精神に反するのですが、協力してブルジョア革命を成立させることが先決で、ボリシェヴィキにはまだ他党に対抗するほどの力がないと考えられたからです。この方針に反対していたのは、第二次世界大戦以降にスターリンの片腕となるモロトフくらいでした。

しかし、その時、潜伏先のスイスから「封印列車」で帰国したレーニンが「協力しない」と宣言し、あまりに大胆な「四月テーゼ」を発表。すでに「臨時政府」との協調へと動き出していた指導者層はひっくり返ります。しかし、この「四月テーゼ」を起点としてボリシェヴィキの十月革命運動が始まるのです。

ところで、現ロシア大統領ウラジーミル・プーチンの祖父スピリドン・プーチンは宮廷料理人だったのですが、ラスプーチン、レーニン、スターリンという、著名人三トップに仕えた珍しい経歴を持っています。

Q：ロシア史上最大の悪人は誰か？

A：スピリドン・プーチンである。

ラスプーチン、レーニン、スターリンを毒殺せず、ウラジーミル・プーチンの誕生にも関与した。

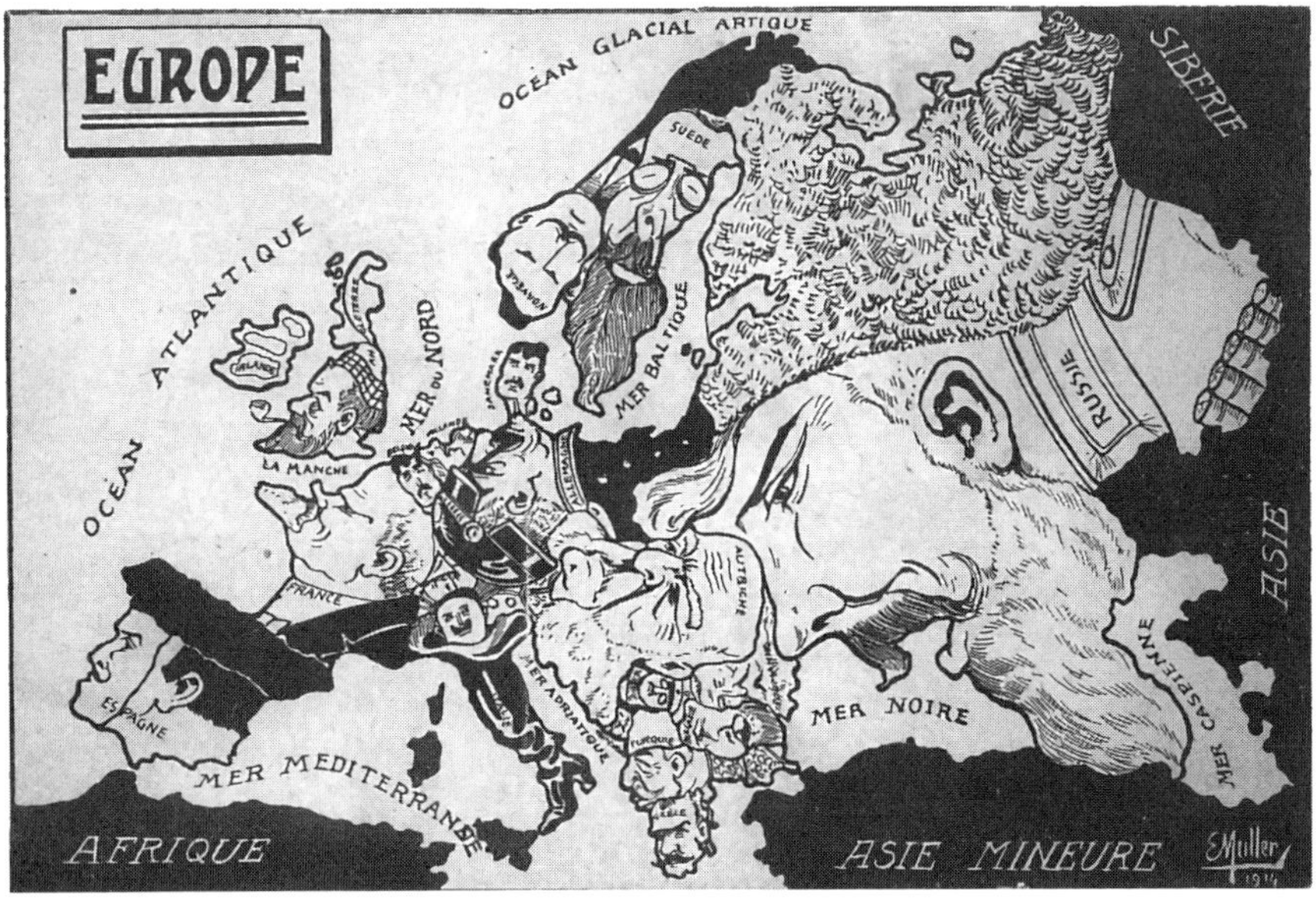

E・ミュラー〈仏〉

▼

一九一四年。

ヨーロッパ絵地図。

◉ロシアの顔はもちろんニコライ二世。

ロシア領であるフィンランド、エストニア、ラトビア、リトアニアはニコライ二世の帽子に、ポーランドの一部は髪や顔に、ウクライナは顔に、グルジア、アルメニアはヒゲに組み込まれています。

十月革命

十月革命当時、街は不穏な空気に包まれている。
自由主義の貴族の娘のところに召使いが駆け込んできた。
召使い「お嬢さま、早くお逃げ下さい。革命が始まります」
貴族の娘「革命ですって？　誰が何を望んでいるの？」
召使い「農民や労働者が、金持ちをこの世から消そうとしているのです」
貴族の娘「まあ、信じられない。貧乏人が消えてみんなが金持ちになる方がいいのに」

「『臨時政府』はブルジョア政府である。帝国主義戦争を終えようともしない『臨時政府』などを、ボリシェヴィキはいっさい支持しない。全権力を労働者の『ソビエト』へ移し、そこでプロレタリアートの単独政権を打ち立て、社会主義を実現させる。」（「四月テーゼ」要約）

①二段階革命（ブルジョア革命→プロレタリア革命）
②帝国主義戦争、反対
③ブルジョアとは協力しない

このうち①②はマルクスがはっきり述べたもので、③はボリシェヴィキが付け足したものです。国内指導者層の主張は②③を満たさず、レーニンの主張は①を満たしません。つまり、どちらをとっても完璧ではなく、どこを削り取るかで揉めたのですが、それまでマルクス主義の根幹は①であると考えられていました。ボリシェヴィキもメンシェヴィキもエスエル党員も、社会主義者たちは皆、「二段階の流れで革命が成就することは歴史の必然で、動かしがたい科学である」とまで信じていたのです。

が、「まだブルジョア革命さえ根付いていないロシアで、今すぐ社会主義革命を実現させるのは無理だ」「他党を敵に回しても孤立するだけだ」という大反対の声を、レーニンは説き伏せました。「我々ボリシェヴィキはまだまだ少数派である。しかし、労働者と兵士の望む『戦争の終結』を強く訴えれば、彼らは必ずボリシェヴィキについてくる」二段階革命は今までレーニンも支持してきた理論なわけですが、レーニンは理論とロシアで現実に起こっている状況を秤にかけて、自分の直観に賭けたのでしょう。「ロシアの工業化はもう成されている」との強引な新解釈が打ち出されました。

レーニンの説得により「四月テーゼ」は三週間後にはボリシェヴィキの公式見解となり、これより全力で権力奪取を目指すことになります。長年の不遇時代を経て摑み取った、レーニンの指導力は計り知れません。まだ非力なモロトフだけを味方にして、指導者層をまるごと方向転換させました。この時、スターリンは珍しくしょんぼりして、「君のほうがレーニンに近かったのだ」とモロトフに語ったようです。五月、「プロレタリアートの単独政権」を宣言して、ニューヨークよりトロツキーも帰国しました。

政党無所属のトロツキーは第一次ロシア革命の頃から、独自の「一段階革命」論を唱えていました。「ヨーロッパの先進国では二段階革命は必然である。しかし、発展の遅れたロシアなら一段階で達成できる。理由は、後進国は先進国とまったく同じ経過をたどって歴史が進むのではなく、いいとこ取りをしながら発展段階を短縮できるからだ。ロシア革命の後は、それを世界革命に繋げて社会主義を盤石にする」

この理論が長年、レーニンとかみ合わず、一九〇三年のボリシェヴィキ脱退以降、二人は対立してきたのですが（特にトロツキーが激しいレーニン批判をしてきたのですが）、レーニンが「直ちに社会主義の単独政権を目指す」と言い出した以上、トロツキーにレーニンと争う理由はまったく何もありません。今やトロツキーは、極左の最大勢力であるボリシェヴィキへの入党を熱望しており、レーニンも過去の確執にはいっさいこだわらず歓待しました。

ボリシェヴィキが先鋭化する中、「臨時政府」が戦争終結に動かなかったのは、米英仏などの同盟国から支持を受けるためでした。ロシアの事情のみで独断で戦争を放棄すると、後でやっかいなことになると心配し、戦争終了後に改革に着手しようと考えていたのです。しかし、民衆はこれに不満を抱き、「臨時政府」に見切りをつけ始めます。

ただ、ボリシェヴィキにも大きな弱みがあり、それは「レーニンはドイツのスパイ」説でした。レーニンは「ドイツの封印列車」で帰ってきましたが、普通に見れば確かに非常に怪しい行為です。ここを「臨時政府」の一角であるエスエル党に、声を大にして攻撃されたのです。ただし、「臨時政府」を構成しているメンシェヴィキの指導者たちも、六月には同じ方法で帰ってくるのですが。

「すべての権力をソビエトへ！」対「レーニンはドイツのスパイ！」の大合唱をしているところへ、「臨時政府」支持派の軍がやってきて、ボリシェヴィキはいったん追い詰められます。指導者層はまたしても潜伏するか（レーニン、ジノヴィエフ）、逮捕されるか（トロツキー、カーメネフ）して動きを封じられました。が、その後で「軍事独裁による共和制（反「臨時政府」であり、反ボリシェヴィキでもある）」を掲げるコルニーロフ将軍がペトログラードへ進軍を始めると、「臨時政府」は共同戦線を持ちかけ、ボリシェヴィキを解放します。

解放されたボリシェヴィキは労働者を武装させ、ボリシェヴィキ支持派の軍（軍港都市クロンシュタットのアウローラ号の水兵など）を集めて、ペトログラード防衛に入りました。この様子を見た将軍は結局、ペトログラードを前にして何もできず引き返すのですが、ボリシェヴィキの実行力が高く評価され、以降、支持者と党員数が急拡大を始めます。

革命前夜、レーニンの元へ妻クループスカヤが相談にきた。

クループスカヤ「ねえ、あなた。蜂起はもう少し先に延ばせないかしら？」

レーニンが驚く。

レーニン「なぜだ？　クロンシュタットの水兵たちもこちらに付いたし、トロツキーもあんなに張り切っているのに」

クループスカヤ「でも、水兵たちとトロツキーが友好を記念して、アウローラ号で釣りに出かけてしまったわ」

二月革命時、たったの二万五〇〇〇人しかいなかった党員は、七月の第六回ボリシェヴィキ党大会の時には、一〇倍の二四万人に膨れ上がっていました。指導者たちは声をからして支持を訴え（レーニンは表へ出ず地下から指導）、労働者たちも各地で武装を始めますが、際立っていたのはこの党大会で入党した、ロシア最強の演説力を持つトロツキーです。トロツキーの開く集会はマグマのような熱狂に包まれました。

そして、この時、レーニンの「四月テーゼ」が大正解であったことも判明しました。「資本主義を経た工業化のはてに社会主義を……」などという難解な思想は、無学な大衆には理解出来ませんが、「ただちに戦争を終わらせ、ただちに社会主義国家を目指す」という約束なら、誰にとっても分かりやすかったのです。

ボリシェヴィキの勢力が拡大する中、レーニンは「武装蜂起」を考えます。しかし、「社会主義者の単独政権」の方針は受け入れたものの、「武装蜂起」には大反対であるジノヴィエフ、カーメネフが、なんとしてもこれを阻止しようとして、作家のゴーリキーが発行していた新聞に計画を暴露しました。そんな冒険をせずとも確実に流れは来ているので、もう少し待てば合法的に政権奪取できると、二人は考えたのでした。

が、今や、「社会主義者の単独政権」を超えて、「ボリシェヴィキの単独政権」を密かに狙っているレーニンは、烈火のごとく怒ります。しかし、この暴露にもかかわらず、ボリシェヴィキの勢いは衰えませんでした。

寄せ集めの「臨時政府」は結束力の弱さゆえ、計画を知ったところで対応が出来ず、内部分裂を起こして自滅、ツァーリの復活を望む帝政派は今さら大衆に支持されません。ペトログラード侵攻に失敗した軍も、士気が低下してしまいました。同じイデオロギーで結ばれ、現実的な手段として武力を手に入れたボリシェヴィキの、意志と力が勝利を呼びます。

蜂起のために「軍事革命委員会」を立ち上げたトロツキーが指揮を執り、十月二十四日（グレゴリオ暦十一月六日）、ボリシェヴィキはついに首都ペトログラードの主要機関の占領を開始しました。まずは、橋、駅、郵便局、電信局、銀行などを占拠。さしたる抵抗を受けることもなく、翌二十五日（グレゴリオ暦十一月七日）、「臨時政府」が置かれていた「冬宮」へ入ります。「冬宮」以外の「臨時政府」機関はすでに制圧されており、ここが「臨時政府」最後の砦でした。

一方、別の場所にいたレーニンが新聞で、『臨時政府』は打倒された。国家権力は（ボリシェヴィキの）軍事革命委員会に移った」と宣言しました。翌二十六日には閣議中だった閣僚たちを逮捕し、実際に占領を終えています。

驚くべきことに、行動開始から終了まで四八時間かかっていません。あまりにスムーズでほぼ無血のうちに成されたので、街の人々は「昨日と今日でまったく違う国になった」ことに気付かなかったようです。わずかに聞こえた大砲の音も、単なる空砲でした。

この静かなる占領が十月革命であり、三回にわたったロシア革命のクライマックスです。宣言された一九一七年十月二十五日（グレゴリオ暦十一月七日）が「革命記念日」となりました。

すべてが終わった後、「冬宮」にやってきたレーニンは、雪降る中、偉大な成果を収め暖をとっている人々を見て、「なんと素晴らしい光景だ！　労働者と兵士が一緒にたき火を囲んでいる！」と、感動にプルプル震えていたそうです。

Q：世界史上、最も迷惑な誕生日パーティとは？
　A：トロツキーの十月革命。誕生日プレゼントに自分好みの国家体制を要求。

最後に笑ったのは、ロシア政党最左翼のボリシェヴィキでした。ボリシェヴィキを強固に統率するレーニンと、一般大衆を熱狂させるトロツキーが、ブルドーザーの両輪となって世界史を変えたのです。

社会主義が勝利を収め、十月革命が成就した。
労働者の大群衆を前にしてレーニンが勝利演説を行う。
レーニン「ブルジョアジーの土地は直ちにプロレタリアートに分配する！」
割れるような拍手と歓声。
レーニン「労働者の福祉の充実！　一日八時間労働！」
さらなる拍手と歓声。
レーニン「集団化で作業効率を上げ、夏休みと冬休みを実施！」
怒濤のようなレーニン・コール。
レーニン「最終目標は機械化による全作業の自動化！　人間はボタンを押すだけ！」
集会は興奮の渦となり踊り出す者まで現れた。
　レーニンは憮然として演壇から降りる。
レーニン「……いまいましい。こいつら、働かずに食いたいと思っている」

二月革命以降は怒濤の日々でしたが、最後の仕上げは気が抜けるほど簡単であっけないものでした。年の初めには弱小政党だったボリシェヴィキは、二日で大国ロシアの与党となり、翌年には一党独裁が始まります。十月革命がほぼ無血であるのに「暴力革命」と呼ばれるのは、「暴力肯定」のイデオロギーと、後に裁判によらずツァーリを処刑したことによってです。民衆の支持は受けていました。

ただし、支持を受けたといっても、それはロシア人の半数にもまるで達していない規模です。二四万人という党員数は、一億五〇〇〇万人もいるロシアの人口を考えれば、大勢力とは言い難いです。「極端に少ない」と言った方が正しいでしょう。もちろん、ボリシェヴィキは誰でも入党できたわけではなく、党員資格に制限が設けられていましたが。いずれにせよ、はっきりと人心を捉えた街は、ペトログラードとモスクワなどいくつかの大都会だけで、広いロシアの隅々にまで浸透していたわけではありません。

翌月、行われた選挙ではっきりしました。「少数の専門家が無学な大衆を率いる」と考えるボリシェヴィキの方法論に、「国民による選挙」などはありませんが、「選挙」はロシア革命家の長年の悲願であり、民衆がずっと望んできたものであり、ボリシェヴィキも口では今まで主張してきており、すでに「臨時政府」が「十一月に行う」と発表してしまっていました。さすがに建前上、やらないわけにはいきません。そして、やるとなった以上は「人民の平等」を掲げる政権だけあって、米英独仏日など他の列強が手をつける前に、完全な「婦人参政権」も認めました。

しかし、嫌な予感は当たってエスエル党が圧勝してしまいます。ボリシェヴィキの得票数は全体のわずか二五%。かたや、エスエル党は倍以上の五八%。「臨時政府」には幻滅しても単独の党対決なら、エスエル党はボリシェヴィキとは比べものにならない人気があったのです。つまり、「『臨時政府』に入らない」という判断が、どれほど有効だったかということです。

ボリシェヴィキは「工業プロレタリアートの発展」を最大の関心事に据えますが、エスエル党は「農村共同体の充実」を主題としています。八割が農民であるロシアで、エスエル党の支持率のほうが高いのは、当然と言えば当然でした。「工業化」を目指し「即時停戦」を掲げる、ボリシェヴィキの支持基盤は労働者と兵士なので、都会では強かったものの、むしろ、その層が集中する大都市が例外だったのです。
負けたレーニンは一日だけ選挙の当選者で議会を開き、二日目には会議場に兵を配備して解散させるという、なりふり構わぬ暴挙に出ます。武力を持たないエスエル党（個人テロは得意です）は対抗できませんでした。

Q：十月革命のために犠牲になった思想は何か？

A：共産主義

それにしても、この三回にわたる革命のどの場面でも、スターリンは活躍していないようです。スターリンはシベリアにいることが多かったのですが、十月革命の時は三月に解放されていました。しかし、後年の歴史家たちが血眼になってスターリンの役割を探しても、「レーニンの手伝いをしていた」などの、当たり前すぎて悲しい話しか出てこないのです。と言うより、重要な役割をはたしたなら本人が主張しないわけがありません。独裁者となった後、公的文書で歴史を書き換え、同志たちの手柄をすべて自分の手柄として、「革命の立役者・スターリン武勇伝」が喧伝されますが、とんでもない大嘘です。確実に行ったのは痛く不名誉な、『四月テーゼ』に初めは反対したこと」くらいでしょう。
カーメネフの推薦で「赤旗勲章」を授与されたものの、推薦理由は「トロツキーがもらったものは、スターリンにも与えておかないと一生恨まれるから」なのです。「同じものを持っていないとスターリンは生きていけないのだ」とブハーリンも言いましたが、ブハーリンのためにも人類のためにも、生かしておかないほうが良かったと思います。

革命成就後、レーニンとトロツキーが二人でいた時、レーニンは「私も君も殺されてしまったら、スヴェルドロフとブハーリンでやっていけるだろうか?」と言ったそうです。スヴェルドロフは内戦中に病死してしまいますが、党有数の理論家と言われたブハーリンは、若手の最有望株としてその後もレーニンに目をかけられます。スタートダッシュに激しく出遅れ、どう見ても影の薄いスターリンが存在感を示すのは、もっと先の話です。

Q:革命指導者の一人、ルナチャルスキーはなぜ失速したのだろう?

A:ルナチャルスキーには大切なシルエットが不足していたからだ。

著書『革命のシルエット』において、スターリンのシルエットを書いていなかったのだ。

十月革命の成功を目指す、あるいは成功を祝うプロパガンダ・ポスターは、もちろんボリシェヴィキがたくさん作っていますし、逆に直接の敵である「白軍（国内の反ボリシェヴィキ勢力）」が非難するポスターを作っています。しかし、外国で描かれた風刺画は驚くほど少ないです。

第一次世界大戦中なので、各国とも他国の革命より自国の戦争に集中していた事情があります。が、もっと大きな理由は「二月革命と同じで、どうせすぐ潰れる政権」と見なされていたからです。一年にわたって騒乱状態の続くロシアの中の「単なる一コマ」という扱いをされており、まさか今後七〇年以上、ボリシェヴィキの世が続くなど誰も信じなかったのです。

この四カ月後に結ばれ、世界中の耳目を集めたブレスト・リトフスク条約の風刺画なら、十月革命の五倍も六倍も七倍もありそうです。風刺画の量を見れば、「衝撃のロシア革命（特に十月革命）」は、後から考えてその影響力が「衝撃」だったのであり、当時は過小評価されすぎていたことが分かります。

ところで、ロシア革命の指導者たちは、党派を問わず「ユダヤ人富裕層（富裕までいかずとも中流階級）」が非常に多いです。ボリシェヴィキではレーニンは多少血が混じっているだけですが、トロツキー、カーメネフ、ラデックなどが、エスエル党では「臨時政府」首相のケレンスキーが、メンシェヴィキでは代表の一人、マルトフがこのカテゴリーに入ります。大物指導者層の根幹を成しており、もっと範囲を広げてもこの特色は変わりません。初めて聞くとこれは意外な感じがすると思います。

ですが、「民族の垣根を超える」マルクスの思想が、差別と闘うユダヤ人に特に魅力的に映ったのは当たり前の話で、また、ある程度の教育を受け、最低でも文字くらいは読めないと活動できませんから、非識字率七割だったロシアでは富裕層が主役となったのも当たり前です。富裕層でもなければユダヤ人でもないスターリンには一種の希少価値があり、その出自がレーニンに喜ばれていました。（まだ、大物ではなく中物ですが）。

ユダヤ人に対する評価

キリスト教徒
「ユダがイエスを殺しました」
平和主義者
「ユダヤ教徒、イスラム教徒、キリスト教徒は同盟者です。同じ場所でいつも一緒にお祈りしています」
アメリカ民主党
「ユダヤ人は私たちを支持する権利を持っています」
アメリカ共和党

「富裕層ユダヤ人は私たちを支持する権利を持っています」

ネオコン

「イスラエルは中東唯一の民主主義国です。物理的手段（爆破、侵略）で力強く民主主義を世に広めています」

陰謀論支持者

「ユダヤ人は火星から来襲したエイリアンです。フリーメイソンと英国王室に所属しています」

マルクス・レーニン主義者

「民族問題解決のため、プロレタリアートの国イスラエルを建設しましょう」

そう言っていましたが、実際にはブルジョアジーの国イスラエルが出来て、民族問題を引き起こしています。

作者不詳〈イタリア?〉▼

一九一七年。

ロマノフ王朝の紋章「双頭の鷲」のパロディ画。

◉レーニンとトロツキーの頭上にあるのは、ドイツ皇帝ヴィルヘルム二世の軍服用ヘルメット。

シャルル・レアンドレ〈仏〉

▶一九一七年。

キャプション

「悪い羊飼い」

看板

「人肉屋　ドイツ皇帝の後継者の家」

●ドイツ軍のヘルメットを被った悪い羊飼いレーニンが、火のくべてあるかまどに羊たち（ロシア国民）を追い込んでいます。

悪魔的なドイツ皇帝ヴィルヘルム二世は、レーニンの仕事ぶりを満足げに見ています。

作者不詳の英語作品

▶一九一七年。
トロツキーが社会主義の夢をシャボン玉で飛ばしています。

「ユートピア」「利他主義」「平和」「ドイツの誓約」の言葉が飛んでいます。

◉「ドイツの誓約」は当時、ヨーロッパで最も可能性の高かった「ドイツ革命」への、ボリシェヴィキの期待のことと思われます。しかし、「ドイツ革命」のほうは帝政廃止にはなったものの、議会制民主主義のワイマール共和国が成立し、その後はヒトラーが統治し、社会主義政権は生まれませんでした。

「現実離れした夢」であるシャボン玉ははじけています。

作者不詳〈独〉

▼

一九一八年一月。

キャプション

「平和のコンサートが時々、妨害にあおうとも、その課題は果たされるであろう。人民はそれを望んでいるのだから」

◉レーニンが「入場無料」と書かれた店内にイギリス、フランス、イタリアを招き入れようとしています。

　二階ではロシアとドイツの混成音楽隊が演奏している様子。

　この頃のドイツは停戦を掲げるボリシェヴィキに対する歓迎と、しかし、賠償を避けようとするボリシェヴィキへの苛立ちで、どちらとも取れるような絵が結構あります。

1918年1月 ウクライナまんが

オデッサ市メンズファッション・季節限定スーツ

1916-1917年
冬
標準スタイル

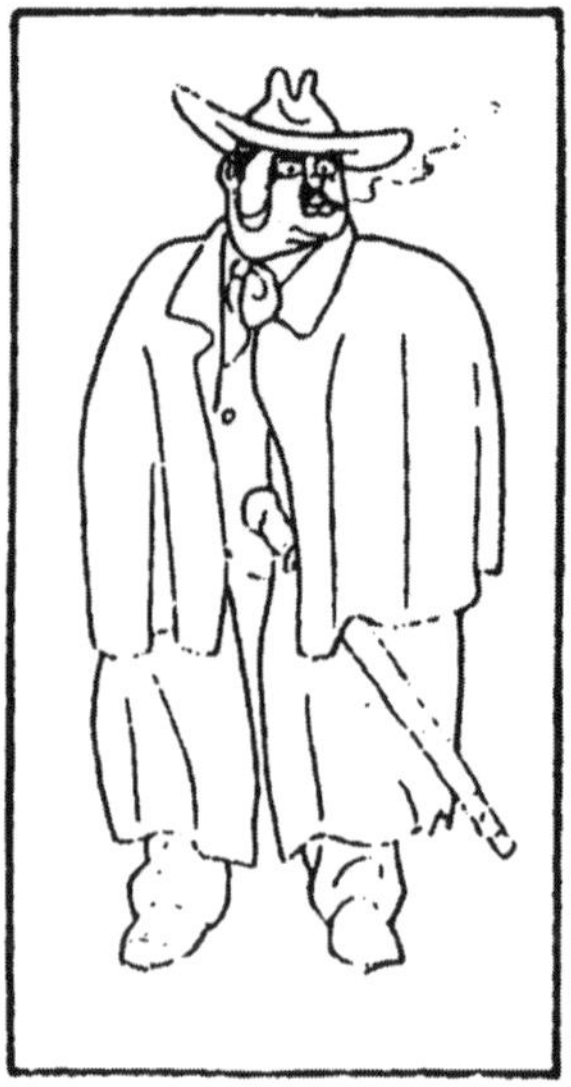

1917年
二月革命後の春
ウクライナ共和党スタイル

1917年
夏
臨時政府・ケレンスキースタイル

1917年
秋
ウクライナ・中央ラーダ政府スタイル

1917-1918年
十月革命後の冬
ボリシェヴィキ・赤軍兵士スタイル

1918年 春のスタイルは
まだ明らかではありません

1926年 フランスまんが

ロシアからの移民がヨーロッパ生活で学んだこと

貴族は労働を実践するようになりました

将校は料理を作れるようになりました

官僚は自伝が書けるようになりました

ブルジョアは清貧生活を知るようになりました

ですが、政治活動家の中には何も学んでいない人たちもいます

〈会議室1〉十月革命の獲得物を反動主義者から守るための報告会

〈会議室2〉ユダヤの赤いフリーメイソンと闘うための報告会

ブレスト・リトフスク条約

ウクライナ・オデッサ市民の興味

一九一六年　ヨーロッパ地図
一九一七年　ウクライナ地図
一九一八年　オデッサ市地図
一九一九年　我が家の名義

オデッサ市民の視野がこんなに狭くなったのは、すべてロシア人のせいである

一九一八年三月。戦争を終わらせ国家づくりを始めるために、レーニンは敵である中央同盟国（ドイツ帝国、オーストリア＝ハンガリー帝国、オスマン帝国、ブルガリア王国）とブレスト・リトフスク条約を結びます。

これは莫大な賠償金支払いに加え、ロシア領であったフィンランド、バルト三国（エストニア、ラトビア、リトアニア）、ポーランド、ウクライナを放棄するというもので、つまり、農地の三分の一、工業地帯の二分の一、人口の三分の一を失うことになる、目をむくような重い内容の条約です。中央同盟国の要求に、ソ連のみならず世界が啞然としました。マルクス主義は植民地支配を否定するとはいえ、さすがに今持っているものを、まとめてごっそり資本主義国へ差し出すことは、レーニンであっても苦渋の決断です。

初めの交渉の方針では、「外務人民委員（外相）」トロツキーの提案した「事実上は停戦しながら賠償もしない（＝なし崩しの自然停戦）」ことを多数決で決めて、それを目指していたのですが、そんな夢のような話はドイツが承知せず、さらに攻め込んできたので仕方がありませんでした。国民に終戦を約束していますし、どのみち革命の影響で軍も崩壊しており、仮に戦ったとしても勝ち目はないからです。

ただし、レーニンにはこのような非情な条件の際に、一般的な国家指導者が抱えるであろう絶望感はありません。レーニンの計算では、ソ連が成功すればヨーロッパ中に社会主義革命が起こり、世界がボリシェヴィキと同じ方向へ向かうはずなので、一時的な損失などはそれほどの問題ではないのです。この凄まじい賠償が「世界革命」の未来へ繋がるなら、それでよいと思いました。

本屋で客が店員に尋ねた。
客「君、レーニンの本はどこにあるのかね？」
店員「幻想文学のコーナーは左手の奥にございます」

しかし、「世界革命」は起こらず、それどころかソ連中の民衆が怒り狂う結果を招きます。

民衆は平和を望んでいたとはいえ、これほどの譲歩は想定外です。そもそも民衆は「パン、土地、平和」が欲しくて革命を支持しただけであり、社会主義の理念などを理解した者は少ないのです。特に兵士たちが戦場で想い描いていた「塹壕のボリシェヴィズム」は、ボリシェヴィキの理念が彼らに都合よく解釈されて、規律の厳しい「本来のボリシェヴィズム」とは似ても似つかぬ、「アナーキズム（無政府主義）」に近い代物に変わっていました。なので、彼らは驚いたのです。こんな条約では「自分たちの土地」がごっそり奪われているだけで、まるでユートピアになっていないではありませんか。

度肝を抜かれた民衆の中から多数の反ボリシェヴィキが生まれ、帝政派や「臨時政府」支持だった軍人と結びついて「白軍」が創られます。英米仏日伊などの外国も白軍を支援しました。外国は社会主義政権という得体の知れない国家誕生を恐れたのに加え、ソ連が連合を無視してドイツと単独講和し、さらに「ツァーリが勝手に外国に作った借金など返さない」と宣言したので、猛反発したのです。

これに対抗するためボリシェヴィキは、「外務人民委員」を辞任し「軍事人民委員（国防相）」になったトロツキーが、志願兵とボリシェヴィキ派の兵士を集めて（後には徴兵制も敷き）「赤軍」を創設します。

ドイツの脅威はなくなりましたが内戦が始まりました。

内戦が完全に終わるまでに足掛け五年もかかり、これほどの譲歩をして停戦にこぎつけたというのに、他国がすべて戦争を止めてもロシア人だけは闘い続けるという、皮肉な結果となりました。しかも、内戦の激しさは絶大で、第一次世界大戦の時以上にはるかに人が亡くなっています。

ロシア内戦中のイギリス人とフランス人の会話。
イギリス人「ソ連政府が地主の土地を取り上げて、農民に分配したそうだよ」
フランス人「家が大火事の時に部屋の割り当てを決めて、何か意味があるのかね？」

内戦真っただ中で創った赤軍の主力は、ボリシェヴィキ派の兵士、つまりツァーリから離反した軍人たちです。元ツァーリの将校が、なんと三万人も入っていました。これは正直、スパイが混じって反乱を起こされる可能性も高く、トロツキーに打ち明けられたレーニンはギョッとします。しかし、武器を手にしたこともない、農民や労働者だけでは白軍に太刀打ち出来ませんので、緊急下の今の苦肉の策です。トロツキーは支持率二五％、あるいはそれ以下の状況で、この危険をはらんだ「軍事専門家」と素人による出来立てホヤホヤの軍を率いて、国内外の敵を打倒せねばならないのです。

そのため、二年半「装甲列車」に住みつき、ロシア中の前線を駆け回りました。最前線から最前線へと乗りつけて、兵士たちを教育し、指揮を執り、情報を集め、新しい部隊の編成を行い、得意の演説もして士気高揚を図る、まさに獅子奮迅の活躍をみせます。ホヤホヤ軍は案の定、初めは恐ろしく弱く、ロシア共産党（「ロシア社会民主労働党・ボリシェヴィキ派」から改名しました）政権存続が危ぶまれましたが、ぐんぐん強化された立派な軍隊となりました。

列車には資料室、印刷所、電信局、無線電話、発電所から浴槽までが設置され、また、武器、食料の補給所の役割もはたしていました。白軍はこの「トロツキーの装甲列車」を恐れます。結果的にはスパイによるクーデターは起こらず、一年でレーニンに「理想の軍隊」と絶賛されるほどの強さと規律を身につけましたが、ボリシェヴィキ内に激しい反発も招き、その反発者たちがスターリンと結びつきました。

ところで、ブレスト・リトフスク条約の調印をしたのは、イギリスとの人質交換で帰国したばかりのチチェーリンでした。チチェーリンはイギリスで反戦活動を行い逮捕されていたのです。党内にも多数いた条約締結反対派を説得して締結を決めた、「人民委員会議議長（首相）」のレーニンが署名するのが筋ではないかと思われますが、そんな不名誉な役回りはレーニンはお断りだったのです。それで、外国の刑務所から釈放されたばかりで事情がよく呑み込めていない、不幸なチチェーリンがババを引かされたのでした。

しかし、チチェーリンが心の底からほっとしたことに、その後、ドイツが連合国に敗北したため、ソ連は条約を破棄します。が、その前後に各国が独立をはたしてしまったので、第二次世界大戦に勝利するまでは多くの領土は戻ってきませんでした。ただし、食料の大提供地としてソ連の生命線であるウクライナだけは、内戦中に攻め入り、再びソ連領としました。

ロシア領で暮らす各民族が、ロシア人から解放されるなら行う最初のことは?

フィンランド人の場合「ひざまずいて神に感謝します」

リトアニア人の場合「空に向かってガッツポーズをします」

ウクライナ人の場合「最も近い木によじ登ります」

ウクライナ人の理由は？

ウクライナ人「解放が取り消され、死ぬほど踏みつけられることを防ぐための知恵です」

▶**カール・ヤコブソン**〈スウェーデン〉

一九一八年。

メニュー表

「ポーランド・ラトビア・エストニア・リトアニア・フィンランド」

給仕をするレーニンとトロツキー。

レーニン「このレストランで我々は優れた料理を提供しています」

ドイツ皇帝ヴィルヘルム二世がデザートにシベリアも食べようとしています。右にいる人物は大正天皇。

キャプション

「我々（日本）はデザートの提供が遅れていることを謝罪いたします。しかし、多分、お持ち出来るでしょう」

◉中立国スウェーデンもこの条約に驚いて、こんな絵を描いています。

　日本が革命後に行ったシベリア出兵は成果が上がりませんでした。

1918年1月 ウクライナまんが

1917年のボリシェヴィキの科学的発見

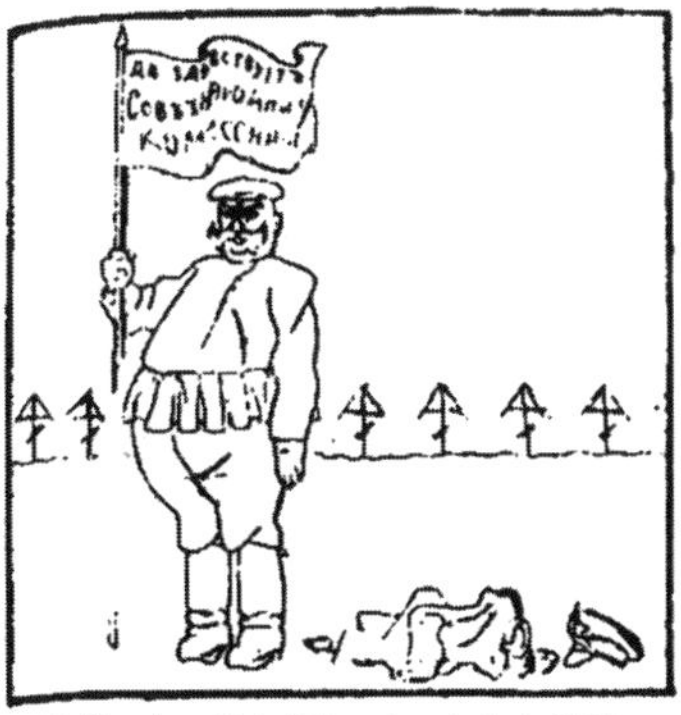

科学。赤で黒を塗りかえる方法を発明。
皇帝の黒百人組から赤旗への移行。

物理学。銀行を密閉する方法を発見。
銀行国有化。

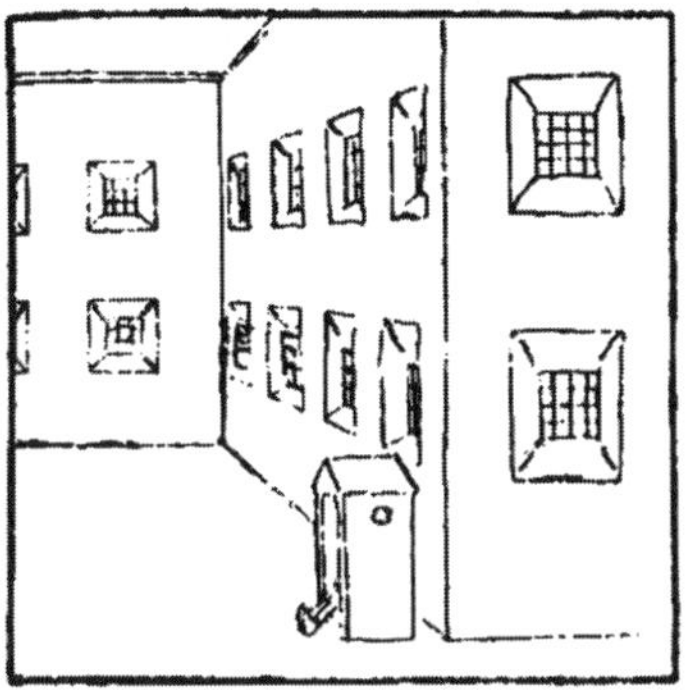

植物学。ブルジョア的要素を除草。
ペトログラード周辺での集中的な作業。

動物学。すべての優雅な辻公園が
動物園に変わる。

鉱物学。宝石採掘量が急増。
分散していた金とダイヤのモスクワ集中。

最大の発見。空想科学。
レーニンとトロツキーによって
ロシアの前線がドイツ人に開放される。

*条約締結前の作品です。
戦争中に異常事態が発生しています。

1918年 フランスまんが

ブレスト・リトフスク条約

（トロツキーの夢）
ドイツ外交団「これはこれはトロツキー殿。ロシアの望みを何なりとお申し付け下さいませ」

（現実）
ゲルマン民族「貴殿はドイツの軍事力をご存知ないのかね？」

ロシア内戦

内戦で家を焼け出された労働者が空き家を見つけた。レーニンとトロツキーの肖像画が立てかけられている以外、家具はすべて盗まれていたが、彼はここに住むことにした。ふと見ると、壁に釘が一本刺さっている。労働者は考えた。

労働者「レーニンを壁際に立たせてトロツキーを吊るすべきか、トロツキーを壁際に立たせてレーニンを吊すべきか……？」

レーニンがスターリンを穀物、石油の経由地として重要なツァリーツィンに派遣しました。ツァリーツィンは後にスターリンの名にちなみ、スターリングラードと改名される都市です。

白軍の手に落ちかけていたツァリーツィンですが、ロシア全土で赤軍が巻き返し、スターリンも逆転劇に参加して勝利をものにします。しかし、ここでのスターリンのやり方は大変、雑なもので、「問題は処刑によって解決」という、スターリン支配の雛形が出来上がりました。話し合いなどは一切なく、恐怖と暴力で言うことを聞かせ、赤軍を利用しながらも用がすんだら兵士たちを故意に死亡させます。当然、赤軍創設者のトロツキーは激怒しました。しかし、スターリンとしては、ツァーリを裏切った将校が多数含まれる赤軍など、今度はいつボリシェヴィキを裏切るかも分からず、まったく信用できないのです。

フランス

ツァリーツィンでは勝利以外にも、スターリンにとって大きな収穫がありました。ここで共に戦ったヴォロシーロフ等、自分の支持者を獲得したのです。彼らは元ツァーリの軍人と共に戦うことが許せなかった人たちで、トロツキーを憎みスターリンに付きました。彼ら「ツァリーツィン・グループ」は単なる暴れ者ですが、スターリン派の核となって後に能力以上の出世を果たします。

スターリン独裁体制時、「革命の英雄展」が開かれた。

展示作品は

「ツァリーツィンで指揮を執るスターリン」
「ツァリーツィンの丘に立つスターリン」
「馬上のスターリンとヴォロシーロフ」
「ツァリーツィンの赤き獅子スターリン」

……等々。

小さな領土で満足するソ連を拝める、唯一無二の機会である。

ですが、いいことばかりではなく、内戦のドサクサに乗じてポーランドがソ連の支配するウクライナに攻め込んできた時に、スターリンはレーニンに激怒されています。名将トゥハチェフスキー率いる赤軍が追い返しましたが、レーニンはそのままポーランドへ攻め込み、「世界革命」へ繋げようと考えました。赤軍は首都ワルシャワへと進軍しますが、応援部隊のスターリンが手柄の横取りを狙ってグズグズしていたため、大失敗に終わります。おかげで戦争に負けて、ウクライナと白ロシア（ベラルーシ）の一部がポーランドのものとなりました。

レーニンの読みが外れ、ポーランドの労働者がボリシェヴィキに味方しなかったことも原因なのですが、「すべてスターリンが悪い」とされて、スターリンは軍事革命委員会議員を罷免されてしまいます。この時よりスターリンはトゥハチェフスキーを根深く恨み始め、これも後の粛清に繋がります。

今の感覚では、「ブレスト・リトフスク条約」でソ連から独立をはたしたばかりのポーランドが、自らソ連領に進軍……というのは大胆すぎるように思えますが、内戦で大混乱し、他国すべてが「反ボリシェヴィキ」であったこの時、無理をしてでもウクライナを併合しておいたほうが将来、安全になると考えられたのです。「いちかばちか」は大成功し、このワルシャワでの勝利によって、戦力で劣るポーランドが戦争に勝ったのです。


ソ連とポーランドの友好を記念して、「ポーランドのレーニン」という絵が描かれることになった。

ポーランドの画家によって描かれた絵を見た、ソ連・芸術アカデミー委員が肝を潰す。

それはトロツキーとレーニンの妻クループスカヤがベッドインしている場面であった。

アカデミー委員は激怒して画家を怒鳴りつける。

アカデミー委員「ふざけるな！　この絵のどこにレーニンがいるんだ！」

画家「レーニンはポーランドにいます」


スターリンは極端とはいえ、暴力支配はボリシェヴィキの本質です。マルクス理論はもともと「暴力革命」を肯定しますが、長年、そこを特に強調してきたのがボリシェヴィキでした。レーニンの考えでは、目の前の道徳にこだわって、もっと大きな未来の平和を取り損ねるなら、それは憎むべき「悪」なのです。

長引く内戦中、民衆に支持されていないことを痛感したレーニンは、政権維持のために垂直とも言える強力な中央集権体制を敷き、国家を強引に統制します。民衆組織だった「ソビエト」は、あっという間にボリシェヴィキの機関となりました。「戦時共産主義」と名付けて、武力を使って企業の国有化と農作物の厳しい徴発も進め、食料は配給制とします。

筋骨隆々たる大男が、夕方、砂糖一袋の配給をもらいに行った。
しかし、食料人民委員部は三分の一袋しかくれなかった。
家に帰って隣の家の小男に不満を述べると、小男は朝行って一袋もらったのだと言う。
大男「なぜだ？　不平等じゃないか。革命の精神に反する！」
小男「途中で足りなくなったんだろう。多分、お前は『乳幼児』で登録されたんだよ」

レーニン自らが「赤色テロ」を宣言し、「銃殺される者の数は多ければ多いほどよい」と、政権に歯向かうものを次々に粛清。支配階級に対して用いるはずだった暴力は、反ボリシェヴィキの貧農やプロレタリートにも向けられました。ツァーリの秘密警察だった「オフラーナ」を参考に、ボリシェヴィキ版・秘密警察「チェーカー」も創っています。ロマノフ王朝時代の最後の五〇年間に、執行された死刑が一万四〇〇〇人だったのに対し、レーニン時代は五年間だけで最低でも二〇万人だそうです。その数字はさらに、スターリン独裁体制に入ると天文学的に膨れ上がります。

「チェーカー」→「GPU（ゲー・ペー・ウー）」→「NKVD」→「KGB」と、名称や組織改編が何度も行われていますが、任務としては同じで「諜報活動」と「反革命分子の取り締まり」です。

「チェーカー」初代長官フェリックス・ジェルジンスキーは子供好きであった。

母親の証言はこうである。

母親「若い頃のフェリックスは本当に子供が好きで、すぐに射殺したりはしませんでしたわ」

スターリンは問題外として、レーニンに比べて確かに目の前の命を愛していそうなトロツキーですら、未来を創る「赤色テロ」は必要なのだと主張します。十月革命の際にボリシェヴィキ派として活躍した、クロンシュタットの水兵たちが反乱を起こした時も、容赦なく弾圧しました。

反乱目的は「赤色テロの停止」「言論、集会の自由」「農業や家内工業における徴発の廃止」「政治犯の釈放」など、独裁を強めるボリシェヴィキへの民主化要求です。ボリシェヴィキは「反乱軍は堕落した反革命分子だ。必要以上の食料を要求してくる」などと言い訳していましたが、どう見ても反乱軍の理屈に分があると言えそうです。「レーニンやトロツキーもスターリンと同じではないか」と批判される根拠となっています。

レーニンが「プロレタリアートへの暴力」を直接、責められることはありませんでしたが、追放後のトロツキーは繰り返しこの批判を浴びます。レーニンの方針に合致しているにもかかわらず、なぜか、レーニンとトロツキーを分けて、トロツキーのみが批判されることも多々あり、その名残は現代にさえ残っています。(トロツキーがスターリンの「大粛清」を糾弾した時期に激化したので、スターリニストが煽った成果もあると思われます)。

レーニンやトロツキーにも、「スターリニズム」に対する責任がまったくないとは言えませんが、(マルクス主義自体にもまったくないとは言えませんが)、しかし、「戦時に勝利するための暴力」と「平時に政敵を皆殺しにするための暴力」は、さすがに「同じ」ではないでしょう。反乱で不意打ちを食らったボリシェヴィキの犠牲者数は、水兵の戦闘死と死刑の合計の数倍に上っています。

蜂起は鎮圧したものの、ボリシェヴィキの味方だった勢力が起こしたこの反乱は、レーニンにショックを与えました。評判の悪い「戦時共産主義」を改め、小規模農地や小規模工場での制限付きの商売を認める「ネップ（新経済政策）」に転換するきっかけとなります。これは一年前からトロツキーが提案していた政策です。共産主義から後退し、資本主義へ近づくことになるので、本当はレーニンもトロツキーもやりたくはありませんでした。しかし、余剰作物をすべて取り上げられることに抗議し、農民がサボタージュした結果、大飢饉まで起こっているので認めざるをえなかったのです。が、「ネップ」導入で経済が持ち直し、農民の反感も和らぎます。

内戦の間に思想統一も強化されました。「人民の幸福」を求めてマルクス主義を選択したはずですが、マルクス主義を守るために「人民の幸福」を犠牲にするのが当たり前になってゆきます。キリスト教徒が「聖書に書いてあります」を物事の絶対的判断基準とするのにも似て、「マルクスが言った」はソ連の最高法規となり、疑うことは許されず、神を否定しながら宗教団体のようにすら見える、摩訶不思議な国家が出現しました。

同じ思想を共有し、新国家を創ったばかりのボリシェヴィキは、自分たちの理想と権力保持に向けて生き生きと働きます。人口の多い地域や農業、工業の要所を押さえたことで、各地にバラバラに創られた白軍よりも有利な戦いが出来ました。

逆に、白軍が勝てなかった原因に、士気の低さが挙げられます。食料が不足する中で、戦争、内戦が延々と続き、疲れ果てた者が多くいました。「勝ったところで、ツァーリの支配がブルジョア支配に代わるだけ」という諦めムードもありました（結果的には、ボリシェヴィキ支配よりはマシだったのですが）。この差もモノをいいました。

白軍の主だった将軍はコルニーロフ、デニーキン、コルチャーク、セミョーノフ、ウランゲリなどです。戦死したり、捕らえられて処刑されたり、敗戦後は外国へ亡命したりしました。彼らを「反革命勢力」とするのは、ボリシェヴィキの立場に立った見方です。白軍参加者には「臨時政府」を支持していた人々も多いので、その立場からすると、ボリシェヴィキこそが極悪非道の「反革命勢力」でした。しかし、ボリシェヴィキが勝利した後は、世界中の大変多くの社会主義者たちにボリシェヴィキの見解が受け入れられます。

一九二二年十二月三十日、世界初の社会主義国家、ソビエト社会主義共和国連邦の誕生が宣言されます。レーニンとトロツキーの目指した国家が成立しました。ロシア共産党以外の党は禁止です。ソ連政治の目立った特徴は「社会主義」や「一党独裁」以外に「寡頭体制」が挙げられます。選挙で選ばれたわけでもない、わずか数名の大幹部たちが民衆など見向きもせずに、会議室の中だけで国のゆく道を決する時代が到来しました。

新しい国家体制が出来たときの各国国民の反応

アメリカ人の場合	星条旗を振って大喜び
フランス人の場合	「ラ・マルセイエーズ」を歌う
日本人の場合	皇居に集まり万歳三唱
インド人の場合	ガンジーの肖像を掲げて行進
ドイツ人の場合	総統の演説に酔いしれる
ロシア人の場合	膝をかかえて絶望する

政治的人物の存在感は風刺画に表れます。「革命」から「内戦」時代のボリシェヴィキの敵（白軍、ドイツ、ポーランド、ウクライナなど）のポスターや風刺画に、最も多く描かれたのは実はトロツキーで、次がレーニン、二人が並ぶ場合も非常に多く、その際は同格扱いです。この二人以外の単独画はほとんどありません。

……もう一度、言います。最多はトロツキーで、レーニンが続き、二人は同格です。現在、語られる歴史と確実に異なっていますが、当時の認識はそうだったのです。敵の目に「最大の脅威」と映っていたのはトロツキーでした。

ボリシェヴィキ自身もそう見られていることは認識しており、革命より少し前、ウリツキーとルナチャルスキーがレーニンの目の前で、「今、トロツキーの名声はレーニン以上に高い」と話をしています。これはトロツキーの活躍ぶりを示すとともに、こんな見方を平気で放置するレーニンの度量と自信をも表します。同志の中から抜きんでた存在が現れて、党が強化されるならレーニンは大歓迎なのです。これがスターリンだったら嫉妬で逆上し、「キーロフ事件」が起こり「大粛清」が始まります。

レーニンは常にトロツキーが高い地位に就くことを支持し、トロツキーと他党員が揉めた時には「仲裁名人」の才能を発揮して、仲間割れを防ぎました。また、新聞に蜂起計画をばらしたジノヴィエフ、カーメネフに対しても、党から追い出すことはしませんでした。

初めは怒り狂って除名を提案したのですが、中央委員会で否決され、二人が後悔しているのを認めた後は、強硬な態度をとっていません。レーニンはボリシェヴィキの絶対的指導者ですが、独裁者ではないので多数決に従うのです。レーニンの意見が通らないことや、多数派工作で四苦八苦することは、革命成就後でさえ何度もありました。もちろん、この時は国家づくりという大仕事に当たって、持ち駒を減らしたくないレーニンが、ジノヴィエフの弁舌の才や、カーメネフの穏健派としての人気を惜しんだこともあるでしょう。この二人も、この後も重要な役職に就いています。

革命からロシア内戦にかけてのスターリンの絵も探してみたのですが、内戦終結までは集団画の中にすら一枚も見つかりませんでした。存在しないと思います。外国の風刺画におけるスターリンの登場、爆走が始まるのは、書記長に就任してトロツキーを軍事人民委員から引きずり降ろした後からです。


ロシア内戦後、トロツキーの父親がクレムリンを訪れた。

党員たちが父親を迎えて最敬礼し、赤軍は捧げ銃を行う。

赤じゅうたんの上をトロツキーがやって来た。

トロツキー「やあ、父さん、久しぶり」

父親は息子に尋ねた。

父親「ここはお前が仕切っているのか？」

トロツキー「そうだよ」

その時、奥の廊下をハゲ頭の老人が車イスで通っていくのが見えた。

トロツキーは誰よりも早く気付き、誰よりも早く飛んでいって直立不動の最敬礼をした。

老人はプルプルとうなずいただけで、そのまま去って行く。

事情が呑み込めない父親がトロツキーのもとに行き、尋ねた。

父親「お前が仕切っているんじゃなかったのか？」

トロツキー「誰に仕切らせるかはレーニンが決めるんだ」

白軍ポスター〈ソ〉

▼

一九一九年。

キャプション

「ソビエト君主体制」

「パン、平和、自由について二年間訴えていたが、人民委員制度の支配を導入した者たちは、飢餓、戦争、秘密警察をもたらした」

◉ポーランド・ポスター［三七ページ］とまったく同じことが書かれています。

　王のショールをまとい、五芒星、ドクロ、悪魔の角など、いくつもの魔術的で怪しげな象徴を身につけたレーニンとトロツキー。

　トロツキーがさかさまにしたリンゴを持ち、そのリンゴには赤軍兵士が描かれ、剣も突き刺さっています。

　キリスト教世界でリンゴには知恵、豊穣、愛などの神聖な意味があるので、これらを破戒する者としてのボリシェヴィキを表しています。

ジャニオ〈仏〉

▼

一九一九年。

「ドイツのエージェント」と書かれたプレートの下に、ロシアの労働者たちがレーニンとトロツキーを吊しています。

●当時の外国の風刺画では、ナンバー2のトロツキーを真ん中に描いたものが何も珍しくありません。ちなみに、これはフランスを代表する風刺雑誌『ル・リール』の表紙です。ボリシェヴィキ作成ものでは、もちろんこんなパターンはありません。

ボグダン・ノバコフスキ〈ポーランド〉

▼

一九二〇年。

キャプション

「リガの休戦後」

●レーニン、トロツキー、ジェルジンスキー（ポーランド系ロシア人）が木の上に追い詰められています。

木に五芒星（魔術を表す）とダビデの星（ユダヤ人の象徴）を組み合わせたようなマークが書いてあります。

木を切り倒そうとしているのは左回りにウクライナ、ポーランド、フランス、死神。傍で嬉しそうに見ているのはイギリス。

「ソ連・ポーランド戦争」で、負けたロシアが「リガ条約」を結ばされ領土の一部を取られました。

一瞬、トロツキーに見えませんが、太目だった時期もあります。レーニンはいつもスリムです。

ヤコブス・ベルゼン〈独〉

▼
一九二一年。
キャプション
「国外（ロシア）からの挨拶」
「ドイツ労働者諸君！　我々は諸君までもがこのような荷車に利用されないことを、期待するものである　J・ベルゼン　ロシア」

◉レーニンとトロツキーの乗った荷車を瀕死の状態で引かされるロシアの労働者たち。荷車は労働者たちを轢き殺しながら進みます。血で汚れた斧を腰に下げた荷車上にいる労働者は、ボリシェヴィキの手先のようですが、彼もまた腕をもがれてぐったりしています。

　この絵が掲載されていたのはドイツ社会民主党（SPD）系の雑誌。ロシア（ソ連）を除けば、ヨーロッパで最も社会主義勢力の強かったのがドイツですが、社会主義といってもドイツはドイツ共産党（ボリシェヴィキの仲間）よりSPD（ボリシェヴィキの敵）の勢力のほうが上で、ナチス・ドイツ成立まではSPDが第一党でした。

　絵を描いているのは、革命期に思想上の理由からドイツへ逃げたペトログラード大学（＝サンクトペテルブルグ大学）の元教授。SPD支持のロシア人として、ボリシェヴィキの「世界革命」を警戒する風刺画です。

1919年 白軍作成まんが

ボリシェヴィキを征伐せよ!

白軍デニーキン将軍「モスクワが見える…。解放の日は近い」

逃げるレーニンとトロツキー「逃げよう、同志。シベリアへ」

シベリアにて　　白軍「さあ、来てみろ!　ボリシェヴィキ!」

1919年 ボリシェヴィキ返礼まんが

軍のチャストゥーシカ（唄）

デニーキンとともにある
宮廷の従者や金の肩章
すべての官憲の一団
「民衆よ、客人（外国人）をもてなせ」

ああ、客人よ、意地の悪い客人よ
我らは諸君の骨をくだき
きれいさっぱり追い払おう
諸君の王とともに！

王よ、英雄ぶるな
我らはトランプの「2」でお前を倒す
我らの一撃こそは疑いもない
我らは切り札の「2」を打とう

レーニンとトロツキーは我らが「2」
さあ、試してみよ、打ち負かしてみよ！
デニーキン、お前の素晴らしさはいったいどこへ？
我らが「2」を打ち負かせるか！？

1920年 ドイツまんが

トロツキーの演説(図説付き)

私はこの冬が必然的に伴う
危険についてよく知っている

ここ何年もないような困難な飢えが
ムチを振るうであろうことを知っている

私はその不安がロシア人の心を
圧迫していることを知っている

どれほどの困窮が君たちに襲いかかって
くるのかを私は知っている

ロシア国民の実に4分の3が悲惨な状態で
死ぬであろうことを私は知っているのだ

しかし、私はまたすぐに世界が
友人を募ることをも知っている

だから、たとえこの雪の被うものが
ロシア人の死体の山だったとしても

私は最後に君たちを勝利へと導く——
生き残った者だけが味わえる勝利だ!

1921年 ドイツまんが

魔術師レーニン

軍神マルス　富の王マンモン

「これらすべてのガラクタを私がどのように
打ち砕くか、まずはご覧下さい」

「ここに断食(飢饉)の時に使う
大切な布があります」

「♪アブラ　カダブラー」

軍国主義
(内戦)
外国人に譲歩
資本主義
(ネップ)

「ロシアの進歩を確認して下さい
まだまだありますよ!」

1931年 フランスまんが

ソ連の絵画

肖像画

風景画

風俗画

パン屋前にて
静物画

第三章 権力闘争

パーヴェル・マチューニン〈仏〉
▼
一九二六年。
大混乱のソ連議会。
◎ジノヴィエフに殴りかかるスターリン。
　やれやれといった様子のラデック。
　気絶しそうなブジョンヌイ。
　黙って見ているトロツキー。
　倒れそうなレーニン像に駆け寄るクループスカヤ。
　議長のカリーニンが騒ぎを静めようとしていますが、誰も聞いていません。
　作者はフランスへの亡命ロシア人。

文筆家に必要な能力とは？

小説家の場合	想像力
翻訳家の場合	語学力
新聞記者の場合	取材力
ソビエト連邦書記の場合	戦闘力

ソビエト連邦共産党書記長

一九二二年四月、スターリンが権力を握る上で、決定的となるポストが巡ってきました。ソビエト連邦共産党書記長です。

ソ連では党が国家の上に位置しますが、党の最高機関が党大会。しかし、これは数年に一度しか開かれず、その間を埋める中央委員会もたまにしか開かれません。なので、党大会が数十人（後に百人以上）の中央委員を選出し、そのメンバーによる中央委員会がさらに「政治局」「書記局」「組織局」といった機関のメンバーを選出。事実上、これらの組織で国の運営が行われました。

花形は政治局です。党の最高意志決定機関として、政策の立案、決定を行います。政治局員として選ばれたほんの数人（レーニン時代には五〜七人、スターリン時代には七〜一〇人）が、一億五〇〇〇万人以上の国民の命運を握っていました。選挙で選ばれたのではなく、内戦に勝利した「党」に選ばれた数人です。

政治局で決まった政策を実行するのが組織局で、組織局のメンバーにとっての出世は政治局に入ることです。まずは「政治局員候補」となり、その後、認められると正規の政治局員になれます。トロツキーやジノヴィエフ、カーメネフなどスターリンの強力なライバルたちが、政治局と組織局を兼務することもありましたが、いずれも短期であり、すぐに政治局に専念しています。

そして、その両者を繋ぐのが、三〜五人くらいで構成される書記局です。政治局で決まった政策を実行するために、組織局への指示、監督、調整、アドバイスを行います。ここも政治局に比べると一見、地味なポジションです。

その書記局の筆頭にスターリンが選ばれました。

ポイントは政治局と書記局の両方を兼務したのが、スターリンただ一人だったことです。言い換えると「立法」「行政」の両方に、継続して直接関わった大幹部はスターリンだけなのです。スターリンはこの二つのポジションを死ぬまでキープしました。スターリンが書記長になった時、モロトフも書記をしていましたが、当時のモロトフは政治局の方では、まだ「候補」の立場でした。

ジノヴィエフたちの推薦を受けて立候補し、書記長になったスターリンですが、この地位の重要性に初めから気付いていたのか、たまたま得た後で知ったのかは不明です。ですが、この「あまり目立たないのに権限が非常に大きい」書記長というポストは、スターリンの陰謀の才能に大輪の花を咲かせます。

レーニンやトロツキーたちが、国の政策作りに夢中になっている間に、スターリンは自分の権力基盤をがっちり構築してゆきました。四八万人分の詳細な「党員ファイル」を摑み、地方組織に人事権を渡さず、書記局からの「推薦」によって中央、地方、両

一九二四年六月 レーニン没後、間もなくの幹部構成

方の人員配置を決定するシステムを創り上げました。この「党員ファイル」には経歴だけでなく、個人的な人間関係、現在の弱みや過去の失敗、問題発言の類までが記されています。
スターリンはこの中から自分に都合の良い人物だけを注意深く選び、ソ連中の組織に送り込んだのです。スターリンの一存であらゆる昇進、降格、移動の他、細々したことまでが決まるので、いつの間にかごく自然に「スターリン詣出」が始まりました。

「党員ファイル」の重要性を知らない書記局の新人事務員がスターリンに申し出た。
事務員「同志スターリン。党員が増えてきて資料の保管場所がありません。古い資料は消却してもよろしいでしょうか？」
スターリン「許可する。だが、必ずコピーをとっておくように」

また、スターリンは地方の党員たちに好かれる面があったようです。レーニン、トロツキーをはじめとする、裕福な出自の外国暮らしの長い幹部たちに、大概の地方指導者はコンプレックスを抱いてしまうのですが、ずっと国内で活動してきた靴屋の息子のスターリンになら、親しみを感じられるのです。スターリンは時間を割いて、訪ねてくる一人一人の話を聞いてあげました。また、驚異的な記憶力で片っ端から党員たちの顔と名前を憶え、二度目に来た時には愛想良く迎えます。
スターリンには個性の強い革命家たちをまとめ上げるレーニンのような指導力も、民衆を一瞬で虜にするトロツキーのようなカリスマ性もないのですが、直に会った人間を魅了するのは非常に上手かったようです。英首相チャーチルが「その気になれば、いくらでも自分を魅力的に見せられる人間」だと言っていますし、「独ソ不可侵条約」をまとめた独外相リッベントロップも、「実に気持ちのいい奴です」とヒトラーに進言しています。

嘆願のためクレムリンにやって来た地方の指導者たちは、たとえ希望が叶わなくとも、スターリンに素晴らしい印象を受けて帰ってゆきました。

ただでさえ、組織が巨大化すれば重要性が増していくのは「管理部門」です。書記局と組織局が少しずつ、党の機関からスターリンに属する個人機関へと変貌を始めました。(骨抜きになった組織局は、スターリンの晩年には書記局に吸収され一体化します)。

ボリシェヴィキの中でも限度を超えた凶暴性を持つ、スターリンの正体にレーニンは気づくのですが、気づいた時には遅すぎました。スターリンが書記長に就任した翌月、レーニンは脳梗塞を発症し動けなくなってしまったのです。

Q：ソ連に「個人的意見」というものはあるか？

A：ある。「個人的意見」を秘めて党大会に出席し、「書記長の個人的意見」を持って帰る。

作者不詳〈ソ〉

◀一九二三年。

内戦が終わり、一息ついている陽気なボリシェヴィキたち。外務人民委員のチチェーリンがイギリスへ手紙を書いています。病気療養中のレーニンはここにはいません。

◉これは、ロシア人画家イリヤ・エフィーモヴィチ・レーピンによる「トルコのスルタンに手紙を書くザポロージャ・コサック」のパロディ画です。「トルコの……」はスターリンの好きな絵で、スターリンが死んだ時、スターリン家の部屋の壁に模写が飾ってあったそうです。

この時期のソ連の絵によく出てくるカリーニンは、「ソビエト連邦中央執行委員会・幹部会議長」、組織改編の後には「ソビエト連邦最高会議・幹部会議長」という役職です。国家の最高機関の長であり、つまり国家元首なのですが、ソ連では党が国家の上に位置するので、実権はなく名誉職のようなものでした。

「労働者と農民の国」を掲げるソ連ですが指導者層の多くは富裕層出身なので、農民出身のカリーニンはその出自が重宝されました。

実権がない上、プロパガンダに使えるのでスターリン時代に入っても粛清を逃れることができました。

S.カーメネフ　ブジョンヌイ　カーメネフ　ラコフスキー　スターリン　ジノヴィエフ
ルイコフ　カリーニン　クラーシン　ブハーリン　トロツキー
ラデック　チチェーリン　リトヴィノフ

ドミトリー・モール〈ソ〉

▼

一九二二年。

キャプション

「レーニンは快復しました」

「国際会議での外観」

◉一時、病状が持ち直した巨大なレーニンが、ジェノバ経済復興国際会議を見ているシーン。ソ連も会議に招かれ、レーニンは代表を送りました。

　ところで、レーニンは大指導者ですが、国内会議でレーニンに反対する自由は保証されていました。

　反論する「親玉」はトロツキー。トロツキーがおとなしい時は、ブハーリンがワーワー言います。

　ジノヴィエフ、カーメネフは新聞騒動以来、二度とレーニンに逆らわず。スターリンがレーニンに反対することはまずありません。

1923年 ソ連福笑い

2：レーニン 4：カリーニン 8：ラデック 11：トロツキー 13：マルクス
17：団結するとこんな感じに…

危篤に陥いったレーニンのところへスターリンがやって来た。
スターリン「同志ウラジーミル・イリイチ。あなたの後継者に私をご指名下さい。必ずや理想の共産主義国家を実現してみせます」
レーニン「しかし、君を後継者に推す者は少ない。無理ではないかね？」
スターリン「構いません。私について来ない者たちは、すぐにあなたの許へお届けいたします」

レーニンの死

レーニンが、これまで信頼していたスターリンを警戒し始めたのは、スターリンの故郷でもあるグルジア問題がきっかけでした。スターリンがグルジアのボリシェヴィキ指導者たちを手荒に扱い、グルジアをないがしろにしていることを知って、腹を立てたのです。レーニンは暴力を是としますが、それは「社会主義の確立」という大義のためであり、非ロシア人をソ連に従属させるためではありません。最終目標はすべての人類が平和で平等に暮らす、「理想の共産主義社会」なのですから。レーニンは各国が同等の権利で参加するソビエト連邦を思い描いていたのです。

しかも、政治問題に加えて、スターリンは個人的にも許しがたい行為をしました。倒れたレーニンの命を守るため、政治局は「レーニンは一日一〇分以上仕事をしてはならない」と決定します。レーニンが構わず働いた際、クループスカヤが止めなかったことを知ったスターリンが、「言うことを聞かなければ、中央委員会は別の女性をレーニンの妻に指名する」と暴言を吐いたのです。レーニンの我慢が限界に達しました。

スターリンの強引すぎるやり方と、そのスターリンに権力が集中しすぎていることを痛感したレーニンは、ついに決断し、スターリンの書記長解任を求める手紙を書きます。宛先は「第十二回党大会」で、これが有名な「レーニンの遺書」と言われるものです。主だった幹部たちの個別評価を記した後、衝撃的な「追伸」が付加されました。

「スターリンはあまりにも粗暴である。これは書記長の任務を果たす者として許容し難い欠点である。ゆえに私はスターリンをこの地位から更迭し、彼よりも優れた他の人物を任命することを提案する」

ですが、第十二回党大会では何も起こりませんでした。自分で読み上げるつもりが健康が快復せずはたせなかったのか、手紙の公表は次回へと持ち越されます。

（実話）スターリンがスターリンに対する評価を書いた。

「同志スターリンは数々の成功にもかかわらず、

驕る気持ちを抱き間違いを犯すことのなきよう、常に自分を戒めていた」

しかし、手紙をクループスカヤに託したまま、病状がさらに悪化しレーニンは亡くなりました。五三歳でした。どこにもモデルのない世界初の社会主義国家を、大国ロシアに創り上げた巨人です。少なくとも「権力のための権力」は欲せず、「世界に社会主義が浸透すれば、国家も役割を失い消えてなくなる」と信じていたレーニンが、あと少しでも政治に携われたならスターリンの時代は来なかったかもしれません。

最高の「政治ジョーク」作成者に対する報酬が発表された。

三等賞　「規律とセキュリティーに定評がある近場の施設」で五年間、労働する権利

二等賞　「規律とセキュリティーに空前の定評がある遠方の施設」で一〇年間、労働する権利

一等賞　革命指導者を訪問する権利

スターリンはレーニンとの関係を修復出来ませんでした。「党大会」宛の手紙とは別に、スターリン個人宛の手紙もあり、こちらはレーニン生存中にスターリンが受け取っています。内容はクループスカヤを侮辱したことへの抗議で「謝罪しなければ絶縁する」と書かれていました。スターリンは渋々、「私の何が悪いのか分かりませんが、謝罪します」と謝罪していない謝罪文をしたためます。

スターリンは本当に「何が悪いのか分からなかった」ようです。政治局はレーニンの健康に配慮した措置をとったのであり、「党の決定はすべてに優先する」というボリシェヴィキ的基準に照らせば、それを無視したクループスカヤは罰を受けるべきなのです。

レーニンは容体が悪すぎて、スターリンの返信は読めませんでした。少年時代より憧れ続け、自分を引き立ててもくれたスターリンの英雄は、スターリンを突き放したまま逝ってしまいました。スターリンは一生、レーニンからの非難の手紙を手元に残していたようで、スターリン没後にその机の中から発見されました。

しかし、感傷に浸って闘いを放棄するスターリンではありません。レーニンの死は感傷と安堵と政治生命の危機と、願ってもない大チャンスを同時に運んできたのです。悲しみではなくただの感傷だろうと思えるのは、レーニン生存中にレーニンの死を見越して、さんざん勝手なことをやっているからです。今さら快復されたら、さぞや困ったことでしょう。

レーニンの意向に反して盛大な葬儀が催されます。盛大な方が注目されるからで、取り仕切ったのはスターリンです。体調不良で地方にいたトロツキーが出席を希望しましたが、「葬儀は土曜日なので帰ってきても間に合わない。療養を続けられよ」と返事をしました。

この頃は、トロツキーも病気がちになっていて、人民委員会議・議長（首相）のレーニンに人民委員会議・副議長（副首相）の地位を、三度も打診されながら断っています。しかし、これは無理をしてでも引き受けるべきでした。頭脳明晰で実行力も抜群のトロツキーですが、権力欲というものがないのか、「レーニンの後継者」を決定付けられるこういう時期の役職就任を、平気で蹴ってしまうのです。仕方なくレーニンは役職を分割し、人民委員会議・副議長を三人（カーメネフ、ルイコフ、ツュルーバ）就任させてしのぎました。

スターリンの権力欲はトロツキーとは違います。本当は葬儀は日曜日でした。この国家の一大事の日に、トロツキーを意図的に締め出したのです。そして国中が見守る中、スターリンがレーニンを悼む演説をして、「レーニンの後継者」の演出をしました。

今は亡きマルクスが空を飛んでいた。
亡くなったレーニンも空を飛んでいた。
生きているトロツキーも空を飛んでいた。
スズメ１「生きている奴まで、なぜ飛んでいるのだろうね？」
スズメ２「つき合いがいいんだろう」

すべてを変えるかも知れなかった「レーニンの遺書」は、第十三回党大会の直前、その準備をしていた書記局にクループスカヤにより提出されます。宛先となっている第十三回党大会でレーニンの最後の言葉を読み上げるよう、クループスカヤは当然の要求をしました。スターリンに初めて訪れた政治生命の危機です。

しかし、重鎮であるジノヴィエフ、カーメネフの尽力で、この爆弾のような文書は「長老会議」に持ち込まれ、ここで「遺書の朗読は党大会ではなく代議員団ごとに行うが、決してノートを取ってはならない。党大会で遺書に言及してもならない」と多数決で決定されます。政治生命の危機のはずが冷や汗をかいた程度で、スターリンはいたって簡単に救い出されました。結局は賛成三〇、反対一〇の大差です。

トロツキーはこの「長老会議」で初めて遺書の存在を知りました。朗読された遺書の言葉を出席者たちが没入して聞き入った後、トロツキーの隣に座っていたラデックがこっそりささやきます。「もう奴らは君に立てつくことはしないだろう」。

レーニンが倒れてから今まで、すでにトロツキーはスターリン一派から凄まじい攻撃を受けていたのです。それを踏まえた上でラデックは、レーニンの意志がこれだけはっきり示された以上、遺書の影響力を弱める画策くらいはしても、我が物顔の振る舞いは終わると励ましたのです。ラデックは以前、「レフ・トロツキー　勝利の組織者」という論文を書いて、スターリンに睨まれていました。が、トロツキーは答えます。

「逆だ。奴らはとことんやるよ。それも出来る限り早くにね」

そして、この「長老会議」の翌日から、まさにトロツキー糾弾大会である第十三回党大会が始まるのです。ラデックらトロツキーの支持者も中央委員を解任されました。

レーニン廟の前を通りかかった老婆が、近くにいた衛兵に尋ねた。
老婆「レーニン様ってどなたですか?」
衛兵「偉大な聖人様だよ」
老婆「では、レーニン様。私の願いを叶えて下さい。ボリシェヴィキが大勢いて、暮らしにくくてたまりません。奴らを退治してまた教会に行けるようにして下さいまし。アーメン」

セルゲイ・ツィヴィンスキー
〈ラトビア〉

▼

キャプション

「レーニンは不治の病で重体になった。」

「あなたッ! 私たちを置いて行かないで!」

置いて行かれそうなのはトロツキーと、「秘密警察」「飢饉」「ネップ」という名の三人の子供。

●このうち、トロツキーにまとわりついているのが「秘密警察」と「飢饉」(個人的な生活苦も表すものと思われます)」。

工場のおもちゃを持った「ネップ」は泣いています。トロツキーが提案しレーニンが採用した「ネップ」は、レーニン没後、スターリンが廃止します。「関係者以外、立ち入り禁止」の部屋の奥に向かう医師団と、見張りをしている衛兵。

実際、スターリンは戸口に見張りをつけて、書記長の署名入り特別通行許可証を持たない者は、面会できないようにしていました。

セルゲイ・ツィヴィンスキー
〈ラトビア〉

▼
キャプション
「白雪姫と七人の小人」
◉棺の中のレーニンと、周りに集うボリシェヴィキたち。左からジェルジンスキー、ブハーリン、トロツキー、ジノヴィエフ、スターリン、カーメネフ、カリーニン。
このうち、正面の絨毯上にいるのが、スターリン、ジノヴィエフ、カーメネフ。トロツキーは絨毯からはみ出しています。

1932年 ドイツまんが

堂々巡りの無神論運動

偶像崇拝

救済論

無神論運動

偶像崇拝

天空からモスクワを見ていたレーニンが言った。
レーニン「違う！　これは私の目指した社会主義国家ではない！」
スターリンはすぐに一〇〇人の秘密警察を処刑し、
天空までレーニンの逮捕に向かわせた。

トロツキー対スターリン

レーニンの病気を境にした、政治局員たちの熾烈な権力闘争は、とっくの昔に始まっていました。

初め、国内外、及び党内に後継者と目されていたのはトロツキーです。革命、及び内戦の最大の功労者ですから当然でしょう。

しかし、トロツキーには幹部たち、特に最高幹部であるスターリンらの政治局員たちにとって、言語道断な欠点がありました。入党の遅さです。他の政治局員は皆、ロシア社会民主労働党がボリシェヴィキとメンシェヴィキへ分裂を始めた一九〇三年前後に入党し、二〇年間、地道に党に尽くしてきています。ところが、トロツキーがボリシェヴィキに入ったのは十月革命直前の七月。第一次ロシア革命前は、ライバルのメンシェヴィキに所属していたことすらありました。

革命、内戦での大活躍は、突然現れたトロツキーに美味しいところだけ持っていかれたようで、ゴボウ抜きにされた政治局員たちの不満を激しくかき立てます。しかも、自信に満ち溢れたトロツキーは、新入りのくせに物言いなどが生意気なのです。例えばレーニンに対してさえ、その戦略に納得できないと「児戯に等しい」など、歯に衣を着せない言い方をします。これは、トロツキーを含めたボリシェヴィキすべての信頼を、肌で感じているレーニンならば許せるのですが、他の者たちはそうもいきません。

しかし、トロツキーにしてみれば、ボリシェヴィキではなかったものの、革命運動に生涯を捧げてきた事実があり、他の誰よりも実績を上げている自分が、人に遠慮せねばならない理由はありません。党員でなかった時期には、確かにレーニンと激しい批判の応酬もしています。ですが、レーニンと和解したからこそ、レーニンに認められてボリシェヴィキに入党したのです。そして、トロツキーは言いませんでしたが（言えませんが）、レーニンが思想でトロツキーに接近し（一段階革命、および、世界革命）、トロツキーがレーニンの組織下に入ったというのが実際のところです。

十月革命直前、レーニンとトロツキーは「臨時政府を倒し、直ちにプロレタリアートの単独政権を創る」という、全く同じ考えを持ってロシアに帰ってきたわけですが、この重要な、政権獲りをはたした原動力たる方針に、初めボリシェヴィキ指導層が大反対していたことも知っています。「党員」の肩書がなかっただけで、二月革命勃発直後から、自分以上にレーニンと強力に結びつき、行動してきた社会主義者はいないのです。しかし、納得できない政治局員たちはトロツキーの追い落としを始めました。

レーニンが倒れた時点でのレーニン以外の政治局員は、トロツキー、スターリン、ジノヴィエフ、カーメネフ、ルイコフ、トムスキーです。レーニン没後は、ここにレーニンの代わりに入ってきたブハーリンを加えた七人が、ソ連の最高指導者層となります。もちろん、トロツキーに最大の憎悪を燃やしているのはスターリンです。

レーニンが倒れると、スターリンはこの中でも特に力のあるジノヴィエフ、カーメネフと「三人組（トロイカ）」を結成します。レーニンの副官として多数の役職を兼任し、むき出しの野心を見せるのがジノヴィエフ。ジノヴィエフより人望も度胸もありながら野心を持たず、ジノヴィエフを信頼し同調傾向にあるのがカーメネフです。この二人は仲が良く、たいがい一緒に行動していました。

しかし、追い落とすと言っても「入党が遅い」以外には、特にトロツキーに対する攻撃材料がありません。そこで「論争」の名に値しない実にくだらない言いがかりをもって、数に任せた突き上げを始めます。

当時、党内には上層部の指示に従うことしか許されない官僚主義が増大し、一般党員の間に不満が鬱積していました。それを危惧しているトロツキーが、「官僚主義の撲滅、党内民主主義の復活」を訴えたのですが、三人組はトロツキーの言葉尻を捉えて徹底的に歪曲解釈し、トロツキーが「党内民主主義」の名の下に「分派活動」を行い、党の結束を乱していると言い立てました。

ボリシェヴィキは民衆の意見など聞きもしませんが、数年前までは、自分たち専門家の間での「党内民主主義」は認められていました。相手がたとえレーニンであっても、決定されるまでは堂々と意見を出し合い、激しい論争をしていたのです。しかし、内戦の混乱時、指導層が揉めていては統制が緩むので、「分派活動」禁止の対応策がとられました。多数決に従うということです。

内戦が終結した今、ことさら「分派活動」を持ち出す必要はないのですが、トロツキー排除の手段として便利に活用されました。やり方は露骨で、トロツキーが部屋に入ってくるとピタリと会話をやめ、政治局全員が何かの会員になる時には、わざとトロツキーの名前だけを消し、会議の前には先に三人組で結論を決めておき、会議の際にトロツキーの意見をどれもこれも否定するのです。トロツキーが文句を言うと、これを「分派活動」だとして糾弾しました。

さらに、三人組は「トロツキー主義」なる言葉を生み出し、トロツキーが「レーニン主義」を否定して、党を乗っ取ろうとしているかのような話を吹聴し始めました。

三人組の繰り返す「トロツキー主義」はやがて党全体にはびこる言葉となりますが、こんな言葉を連呼したのには理由があります。「トロツキー対スターリン」や、「トロツキー対ジノヴィエフ」や、「トロツキー対カーメネフ」では話にならず、「トロツキー対スターリン＋ジノヴィエフ＋カーメネフ」でも、歯が立たなかったからです。そこで「トロツキー対レーニン」の構図にすり替え、そこへ三人で乗ったのです。実際、スターリンは「トロツキー主義か、レーニン主義か」という論文まで書いています。

カーメネフに至っては、過去にレーニンの「四月テーゼ」に対して、「その考えはトロツキー主義だ」と言って非難したことさえありました。しかし、そんなことは無視して、レーニン本人が否定できなくなる時を待ち、「トロツキー主義か、レーニン主義か」の二者択一を党員たちに迫ったのです。

三人で手分けしてあらゆる噂をまき散らす間、スターリンは書記長の人事権を使って、トロツキーの支持者を次々に発言権や投票権のある要職から外し、スターリン派へと置き換えてゆきました。

争いが三人組優位に進み始めると、政治局員すべてが「反トロツキー」に回ります。

寝込んでいるトロツキーの元へ全員で押しかけて「会議」を開くのですが、今度は六人で事前に結論を決めておき、トロツキーが異を唱えるや否や、一丸となって猛反対するのです。トロツキー支持者への嫌がらせも過激化し、党内に自殺者が急増して、「調査」の必要性が叫ばれる事態となりました。

Q：ソ連で人々が見上げる位置にある、白くて赤くて黒いものは？

A：スターリンの腹

陰謀は、レーニンが倒れた後でごく控えめに始まり、レーニンの容体が悪化すると大胆になり、レーニンが口をきくことも出来なくなると、新聞『プラウダ』を使った連日の一大キャンペーンとなって、トロツキーに襲いかかります。

もう発言をねじまげて受け取るどころではなく、トロツキーが言ってもいないことを「言った」と言い、言ったことは「言っていない」と言い、証拠となる文書は書店から引き上げ、議事録の閲覧も禁止です。この頃のトロツキーは、原因不明の高熱を出してしょっちゅう倒れているのですが、内戦時の無理に加えてストレスが強かったのでしょう。幹部ではない一般党員たちは、黙って気の毒そうに見ていたようです。本来、

「党内民主主義」を必要としていたのは、権力者のトロツキーではなく、発言権を持たない彼らなのです。

レーニンが倒れてから約二年、その死からは僅か一年。レーニンと並び立つ大物だったトロツキーは、滝を流れ落ちるかの如くに失脚し、一九二五年、軍事人民委員を辞任させられました。これは異常なことです。世界史を変えた「革命の寵児」は、具体的な失策も何もなく、単なる「仲間外れ」によってその地位を失いました。普通の国ならありえません。異常事態を可能にしたのは、ソ連の政治が「寡頭体制」だったことに尽きます。国の最も大事なことは政治局の幹部だけが決めるのです。会議室にいた三人と仲良くなれなかった罪は、国家体制を覆した功績を台無しにするものだったのです。

夫婦喧嘩は犬も食わない。
男の嫉妬はスターリンが食う。
レーニン没後、ソ連の食料事情は動物以下になった。

しかし、夫の心と洪水のような反トロツキー・キャンペーンの両方を正確に知っているクループスカヤは、レーニン没後、間もなく、トロツキーに温かい手紙を送りました。

「親愛なるレフ・ダヴィドヴィチ

私は彼の死の一カ月ほど前に（読み聞かせをしていた時に）、イリイチがあなたの御本のマルクスとレーニンの特徴付けをなさった箇所に喜んで、『また、自分の目でそれを読みたいものだ』と言っていたことをお伝えしたくてこれを書くのです。あなたがロンドンの私たちの家にいらっしゃった時（初対面の時のこと）に、あなたへ抱いたイリイチの友情が、その死の時まで変わることがなかったということです。レフ・ダヴィドヴィチ、私はあなたがその力と健康を保たれるように願い、あなたを強く抱擁します。

N・クループスカヤ」

クループスカヤは手紙だけでなく、遺書の朗読をする代わりにトロツキーを吊し上げにしている第十三回党大会でも手を挙げて、「実のない議論は止めましょう」と抗議しています。

「異端」の象徴にされ疲労困憊のトロツキーは、軍事人民委員の後、電気技術局長官に左遷させられました。トロツキーの経歴を生かせない部署です。が、もともと物理が好きで、性格がとんでもないほど前向きなトロツキーは、予想に反してこの仕事に夢中になり没頭し始めます。

するとスターリンはトロツキーがここで新たな権力を築くことを恐れて、局の予算を激減させ、サボタージュ部隊を組織して、再度の嫌がらせを始めました。電気技術局の党員たちは自分たちの立場の心配を始めます。トロツキーはここも辞任するしかありませんでした。

しかし、ジノヴィエフ、カーメネフによる「トロツキーを政治局からも党からも追放すべき」という提案に対しては、スターリンはいったん拒否しているのです。二人の発言から間を開けた第十四回党大会で、歴史に残るセリフを吐きました。

「首切り政策は党を脅かす危険をはらんでいる。今日、一つの首を切れば、明日は二つ、その翌日は三つとなる。そうすれば、いったい誰が党に残ると言うのだろう」

……スターリンが残りますね。誰一人、口を挟めない完全な権力を手中にするまでは、スターリンは「穏健派」を装うのです。わざわざ長い時間をおいてからその提案をほじくり返し、大勢の代議士たちが見守る党大会の場面で念入りに度量の広さを示して見せました。

Q：ソ連の二大新聞『プラウダ（真実）』と『イズベスチア（ニュース）』は何が違うのか？

A：『プラウダ』にイズベスチアはなく、『イズベスチア』にプラウダはない。

『プラウダ』はソ連崩壊の今も、ちゃんとロシアで発行されています。その伝統にのっとり、現在の主なテーマは「UFO」「エイリアン」「超能力」「陰謀論」「狼男の逆襲」などだそうです。

同志と妻の浮気現場を目撃した夫のイデオロギー別反応。

スターリニストの場合　問答無用で両者とも射殺。

アナーキストの場合　自分も仲間に入れてくれるよう頼む。

トロツキストの場合　分派活動の正当性を主張し、一〇ダースの自伝を執筆。

「第一三回党大会」開催中に発行された『プラウダ』
ヴィクトル・デニ〈ソ〉
◀
一九二四年六月。
キャプション「好意的なまんが」
◉トロツキーがモスクの上空を飛んでいます。
下のキャプションが切れていて何のことか分かりませんが、モスクの上を飛んでいるトロツキーを「好意的に」描いてあるようです。
編集長はブハーリン。

ヤコブス・ベルゼン〈独〉

▼

一九二四年。

キャプション

「壁に押し付け……」

トロツキー「私は完全な自由（リバタリアニズム）**を要求する！」**

三人組「はっはっは。君は自分の道を放棄したね」

●トロツキーを圧迫して「社会主義を捨てた」と結論づけるジノヴィエフ、カーメネフ、スターリンの三人組。

　ジノヴィエフが真ん中なのは、初めの頃、トロツキー降ろしの首謀者、かつ、最も力があると思われていたのがジノヴィエフだったからです。トロツキー本人さえそう思っていたようです。

　小物と思われていたスターリンは、一番、目立たない位置に描かれています。

バーナード・パートリッジ〈英〉

▶一九二五年。
キャプション
「ソ連のウィンター・スポーツ」

「トロッキー落としゲーム」

◉「ソビエト」と書かれたベルトの男（ソビエト政権）がトロツキーを突き落としています。

　しかし、この男も片腕がないので、ソリの操作は難しいと思われます。「片腕のないソビエト」は「レーニンのいないソビエト」を表しているのかも知れません。

　後方から走ってくるのは狼の集団。

セルゲイ・ツィヴィンスキー〈ラトビア〉◀

◉電気技術局長官のトロツキーが電化製品を作っています。トロツキーに目を光らせているスターリンとジノヴィエフ。でもジノヴィエフもすでにトロツキーと同じ大きさに描かれています。

1927年 フランスまんが

トロツキーについて何を知っていますか？

トロツキーは病気になった

トロツキーは追放された

トロツキーは逮捕された

トロツキーは外国へ逃げた

トロツキーは暗殺された

知人「あれっ、トロツキー！ 君は逮捕されて外国へ逃げて暗殺されたんじゃなかったの？」
トロツキー「知らないよ。今日の新聞はまだ読んでないんだ」

1928年 フランスまんが

馬は知っている

スターリン「ソ連の賢い馬よ、政権の敵を払いのけてくれ!」

馬「こんな感じで」

独裁者誕生

レーニンの後継者としての各候補者への評価

トロツキー	認められるが受け入れられない
カーメネフ	受け入れられるが認められない
ジノヴィエフ	認められず受け入れられもしない
スターリン	そもそもよく知らない

政治局全員が参加した権力闘争ですが、トロツキー失脚で得をしたのはスターリンのみです。スターリン以外の政治局員たちはそれほどは時を置かず、自分たちの行動について火を噴くような後悔をさせられる羽目になります。

直後にブーメランのような刃が跳ね返ってきたのが、ジノヴィエフとカーメネフでした。今度はスターリンはブハーリンと組みました。ジノヴィエフ、カーメネフは「世界中で革命を起こしてこそソ連に革命の成果が根付く」と「世界革命」を唱え、スターリンは「まずロシアのみで革命の成果を確立させるべき」と「一国社会主義」を主張。

「世界革命」は第一次ロシア革命の頃からトロツキーが唱えていた思想で、十月革命以降にはレーニンも全力で傾注したボリシェヴィキの基本方針です。一九一九年、レーニンとトロツキーが設立した「第三インターナショナル（＝コミンテルン）」は「世界革命」を実現させるための組織でした。（スターリン体制後は、各国共産党をソ連に奉仕させるための機関となります）。そんなことは党員なら本当は誰でも知っています。しかし、

アメリカ

スターリンは「世界革命」を目指していなかった頃のレーニンの昔の発言だけを部分的に取り出し、最近の行動は無視して、レーニンも「一国社会主義」だったことにしました。

またも白々しい嘘をついているのですが、戦争、革命、内戦がやっと終わり、そろそろゆっくりしたい党員たちの「戦争を引き起こしかねない『世界革命』思想は、なかったことにしたい」という本音の空気がありました。この空気を利用して、「レーニンの意志に背き」「『分派活動』を行った」ジノヴィエフ、カーメネフへの糾弾が始まります。また、彼らの「ネップ反対」の姿勢も「左翼的傾向が強すぎる（＝左翼反対派）」と攻撃されました。すでに勢力の落ちている「世界革命」思想の本家・トロツキーは、一言も口をきかず、この様子を黙って冷たく眺めていました。

グルジア人の羊飼いが毎日、唄を歌っていた。
羊飼い「♪社会主義は一国だけで達成できる。世界革命はいらないよ」
この唄を耳にしたマルクスが、怒って天から降りてきた。
マルクス「私がいつそんなことを言った⁉　勝手に理論を変えるな！」
羊飼いが、また歌った。
羊飼い「♪あなたには言ってないよ。ロシアの羊に歌っているのさ」

昔のことであれ、今のことであれ、意見の食い違いを平時にまで「分派活動」と断ずる前例を作ってしまったならば、すべての党員は「裏切り者」の候補者です。スターリンの手元には、書記長としてスターリンだけが持つ、四八万人分の「党員ファイル」があるのですから。

三人組でトロツキー追い落としに成功した瞬間、この「党員ファイル」を眺めながら、スターリンは党の制覇を確信したことでしょう。レーニンが倒れた頃には、スターリンが後継者となるなど誰も考えませんでしたが、トロツキーにさえ通用した手口が、その他の党員に通用しないわけはないのです。そして、「一党独裁」のボリシェヴィキが「党内民主主義」まで否定してしまったなら、後に来るのは完全なる「個人独裁」です。

トロツキー転落からいくらも経たずに、ジノヴィエフ、カーメネフも「トロツキスト」だということになりました。二人は元・軍事人民委員と同じ場所に堕ちてゆきます。

ここまできて、やっと自分たちの卑怯な行動に気づいた二人は、公にトロツキーに謝罪しました。ジノヴィエフはトロツキーと自分の支持者たちの目の前で、「トロツキー批判は権力闘争だ。トロツキーに非はない」と認めています。トロツキーは二人を許したわけではありませんが、孤立して何も出来ないので、協同でスターリンに当たることに同意しました。ですが、今やトロツキーと考えが近い人々は、党内の要職から完全に締め出されており巻き返せませんでした。

スターリンは残るブハーリン、ルイコフ、トムスキーを味方につけ、さらに、派閥抗争の合間にも増大してゆく「書記長」の権力を振るって、「異端」の三人を政治局から、さらに中央委員会から解任しました。

この後、「スターリンのやり方はおかしい」という声が上がり始め、トロツキーとジノヴィエフが党のイベントの様子を見に行った時、そこにいた数千人の人々がスターリン派ではなく、「反革命分子」の二人のほうに集まってくるという場面がありました。しかし、その様子に恐怖を抱いたスターリンは、ついに二人を党から除名します。一九二八年、トロツキーをもう一度、突き放し、スターリンに「謝罪」したジノヴィエフ、カーメネフはソ連に残りますが、「謝罪」を拒否したトロツキーはアジアとの国境へ追放されました。以降、「除名→自己批判→復党」の屈辱を数度にわたって味わわされることが、ボリシェヴィキたちの宿命となります。

ですが、途中まではスターリンを支持していたブハーリン、ルイコフ、トムスキーが、中でもブハーリンが、「トロツキー追放」を議題とした政治局会議では、泣いたり叫んだりして猛反対しました。彼らはトロツキーの勢力を削ぐことに、手段を選ばず全力を注いだのですが、まさか「革命の英雄」を追放までしようとは思っておらず、さらに、それは自分たちの没落をも招くことにはっきりと気付いたのです。

しかし、もう流れは止まりません。続いて順番が回ってきました。驚いたことに、今度は「ネップ」支持の三人の「右翼的傾向が強すぎる（＝右翼反対派）」ことが罪状でした。

ライバル解任の度にスターリン派の党員（ヴォロシーロフ、モロトフ、ミコヤン、カガノーヴィチなど）を政治局員にしていったので、書記局に加え政治局さえもがスターリンの牙城となりました。

あるべき「国家体制」について確固たる信念がなく、ライバル排除を最優先課題として、必要とあらば右に左に自在にたゆたうスターリンは、「革命家」としては一流ではなかった気がします。レーニンが戦術を柔軟に変えながら、「目指す社会主義国家」については決して譲らなかったのとはまるで印象が違い、スターリンがイデオロギーを破棄し、「私はファシスト」と名乗ったとしても何の違和感もありません。革命期に活躍できなかったのも、そこが原因なのでしょう。

サタンがスターリンを呼び出した。

サタン「正直に答えねば氷漬けにする。お前が共産主義者なら左の拳を握れ。資本主義者なら右の拳を握れ。ファシストなら右腕を突き出せ」

スターリンは左右の拳を握ると、両腕をぐるぐる回した。

サタン「何だ、それは？」

スターリン「私は共産主義者として生活し、資本主義者として獲得し、ファシストのように振る舞いたいのです」

しかし、「政治家」としては、スターリンほどの「超人」もいません。雲の上を歩くようなトロツキーから手を付けて、順番に排除してゆき、最後にただ一人の勝利者となりました。

スターリンのライバルたちは自分がターゲットとなるまでスターリンを警戒せず、あろうことか協力までして、スターリンの権力を積み上げていったのです。「本当の敵」は誰なのか、全員、分かっていませんでした。後には、政治生命だけでなく命まで奪われてしまいます。

スターリンだけが「本当の敵」を見据え、徹底マークを続けました。ジノヴィエフを堕とした時も、決して「ジノヴィエフ主義」とは言わず「トロツキー主義」だとして、事あるごとにトロツキーを非難。最大の政敵から片時も目を離さず、その名前自体が「反革命」の代名詞となっても、追及を止めずに復活を阻みました。

ソ連のみならず、トロツキーが地球上のどの場所でも二度と再び台頭することがないように、最上の手を打ちます。「コミンテルン」での各国代表がソ連から「指導者」と認められる第一条件は、社会主義活動で功績を上げることではなく、「反トロツキーを掲げること」と設定されました。「反トロツキー」に躊躇した者は降格させられ「裏切り者」と認定されます。スターリンはここまでやったのです。

「天才革命家」トロツキーは味方を作る意志を持ち、初期の対応を誤らなければスターリンを粉砕できたと思われます。

カーメネフはトロツキーの妹と結婚しており、つまりは親族なのでトロツキーに親切だった時期もありました。（カーメネフはジノヴィエフとも親族です）。しかも、ジノヴィエフに引きずられているだけで、自発的な攻撃姿勢はなかったように見えます。

また、若いブハーリンは初め、明らかにスターリンではなくトロツキーを慕っていました。レーニンが初めて倒れた時、内戦疲れで寝込んでいるトロツキーの元へ第一報を届けたのは、情報が最も早い正規の政治局員ではなく、まだ政治局員候補だったブハーリンでした。ブハーリンは「イリイチもあなたも倒れたら党はおしまいです」と言って泣いたのです。

革命後にどっと入って来た新人たちにとっては、スターリンもトロツキーも等しく先輩です。そして、実績ゆえのオーラがあるのはトロツキーです。とてつもなく不利な「外様」の立場も、絶対に覆せないものではなかったでしょう。（もっとも、スターリンは手段も道理も選びませんので、最終的にはスターリンを粛清せねばならなかったと思います）。

（実話）ボリシェヴィキの権力闘争たけなわの頃。

常にトロツキーを称賛してきたはずのブハーリンが「分派主義を打倒せよ」との論文を書いた。

その結び。

「我々と同志トロツキーとの意見の相違は一貫してあった」

アメリカの著述家マックス・イーストマンが、この難解な言動不一致を苦労の末、翻訳した。

その訳。

「私、ブハーリンは一貫してバカだったので同志トロツキーを一貫して称賛してきた。しかし現在、私は突然、利口になったので、我々は一貫して正しく、同志トロツキーは一貫して間違っている意見の相違を発見した」

（イーストマンは「レーニンの遺書」を『ニューヨーク・タイムズ』でスッパ抜いた人です）

ただ、「オフラーナ」に追われる身でありながら、無所属の期間がやたらと長いトロツキーは、その経歴からもうかがえるように、根回しや派閥づくりが苦手です。「組織づくり」は得意でも、問題の本質と無関係な「派閥づくり」は趣味ではないのです。しかし、政治家という職に就く以上、これもやらねばならない仕事でした。……もしかしたら、その「能力」がなかったのかも知れませんが。

大衆扇動力（演説）、組織力（赤軍創設）、知識階級へのアプローチ（思想形成力、文章力）。レーニンの遺書に「最も有能」と書かれたトロツキーですが、他人の気持ちに気づき、必要に応じて笑い、怒り、相手を持ち上げ、「いい人」として振る舞い、安心させ、なだめたり、すかしたり、だましたりして、身の周りに人を集めてゆく姿を披露したことがありません。嘘をついて誰かを陥れたりはしないのに、態度がそっけないなど、ささいな部分で敬遠されるトロツキーなら、あちこちで目撃されています。

「駆け引きの手練手管」は「交渉能力」と置き換えることもできます。「ここ」と見定めればヒトラーやチャーチルやルーズベルトとさえ結びつき、最も低い立場から始めて最も甘い果実をもぎり取る、スターリンが得意中の得意とするこの技、ただ一点の不足においてトロツキーは敗れたのかも知れません。ヒトラーどころか、トロツキーは手遅れになるまで、カーメネフやブハーリンとすら組むことが出来ませんでした。

十月革命直後にトロツキーが、「交渉能力」を必須とする「外務人民委員」をしていたこともあります。が、非常に困難な時期だったとは言え、その三カ月半はさっぱり成果が上がらず、結果、チチェーリンと交代して、ソ連は悪夢の「ブレスト・リトフスク条約」を結ぶ羽目に陥りました。

「交渉能力」でトロツキーが平均値をはるかに下回っていたのは確実で、「外様」のハンデに加えてこの弱点を持つトロツキーの立場は、傍から見えるほど盤石ではなかったようです。

逆に、トロツキーを上回る才能は「交渉能力」ただ一つと思われるスターリンですが、この点が図抜けた天才で、さらには「交渉」を超えた「詐欺」「恐喝」の手段も駆使し、これが党の細部にまで及ぶ「人事権」

と結びついた時、ほとんど「無敵」の状態となりました。この後は老衰（脳卒中）で亡くなるまで、巨大な岩が地の底から生えたような揺るぎなき権力を握り続けます。

トロツキーの妻がモスクワの街でステキな噂を耳にした。
妻「ねえ、あなた。スターリンが心臓病を抱えてるんですって」
トロツキー「書記局のデマだよ。噂は放たれたのさ。奴に心臓があると思わせるためにね」

レーニンは自分の死後の党の分裂を、早い段階から予測し気に病んだ、この世で唯一の人間です。集団指導体制を望んでいたレーニンは「後継者」を指名しなかったのですが、一九二二年末から一九二三年初めにかけて書かれたその遺書の中で、「スターリンの書記長解任」を追記する数日前に、「後継者争いをするかも知れない二人の際立った人物」としてトロツキーとスターリンを挙げているのです。トロツキーはともかく、ジノヴィエフやカーメネフやブハーリンならまだしも、この時期に「後継者スターリン」を予測したボリシェヴィキは他にいません。

また、レーニンは党全体への言葉として、「非ボリシェヴィキ（入党が遅い）という理由でトロツキーを責めてはならない」と釘を刺してもいます。寝たきりで政治から切り離されていながら、レーニンの眼力は「さすが」の一言に尽きるでしょう。しかし、党と国家の悲劇は結局、レーニンの想像を絶する規模と質に拡大してしまうのですが。

スターリンが独裁者として名乗りを上げた。
しかし、何かと態度のでかいラデックがスターリン・ジョークを広めているらしい。

スターリン「同志ラデック。君は私のジョークを広めているのかね？」
ラデック「冗談を言ってはいけないのかい？」
スターリン「内容が悪い！　私は社会主義の理想を体現する、ソ連の偉大なる最高指導者だ！」
ラデック「……そんなジョークは広めていないよ。誰か他の奴が広めてるんだろう」

トロツキーは敗れました。が、この後の人生を通して、人間業とは思えない見事な戦いを見せます。それは能力というより性格の強さからくるものです。追い落としが始まった頃には病気とストレスが重なり、やたら倒れていましたが（その後も何度も倒れますが）、モスクワから追放された列車の中では開き直って笑い出し、以降、暗殺されるまで、スターリンが世界にまき散らす嘘と中傷とスパイと刺客の渦の中で、ただの一歩も引きませんでした。

「社会主義者の祖国・ソビエト連邦」に強く憧れ、内部の実態を把握できない各国社会主義者たちは、スターリンのプロパガンダに引っかかり、トロツキーを「裏切り者」と見るようになります。

資本主義者に疎まれ、ファシストに糾弾され、それらの千倍の圧力で仲間であるはずの社会主義者から誹謗中傷を受けるという、文字通りの四面楚歌に陥りました。「世界中を敵に回す」とは、まさに、このことを言います。しかし、この戦慄の状況の中、ソ連とナチス・ドイツという凶暴な二つの大国に命を狙われながら、ひるむことなく激しい言論を展開し続けるのです。

追放前、トロツキーが演説するチャンスは極めて限られていましたが、その数少ない機会を捉え、スターリンの子飼いで埋め尽くされた会議場の中でも、堂々たる態度を貫いています。細密で舌鋒鋭く論理だった演説を八〇分にわたって繰り広げ、最後もトロツキーらしく締めました。

「スターリニスト諸君！　後でこのようなセリフを吐くことがなきよう、気を付けたまえ！『我々は維持すべき人々と別れてしまい、反対に別れるべき人々を保持してしまった』と！」

（最後から二番目の演説のラスト）

こんなトロツキーでも、実は一度だけ妥協しかけたことがあります。ジノヴィエフと組んでいた頃、派閥抗争に嫌気が差して、一緒にスターリンに「休戦協定」を提案し、中途半端に身を引いたのです。しかし、それを残念に思って見ていたトロツキーの親友ヨッフェが、病苦とスターリンへの抗議で自殺する直前（＝トロツキーのモスクワ追放直前）にトロツキーに戒めの手紙を遺しました。

「あなたは常に正しい。そして、今ほど正しいことはない。レーニンは間違うこともある。けれど、レーニンにはあって、あなたには不足しているものがある。それは、自己の信念に従い、一人になっても決して引かない断固たる態度なのです」

この遺書は初め、スターリン派に盗まれたりしましたが、やがてトロツキーは内容を知ります。死の間際まで自分のことを思ってくれた、ヨッフェの言葉が堪えたのか、追放後のトロツキーは信念の権化となるのです。

ミハイル・ドリゾ〈仏〉

▼

一九三六年。

キャプション1

「ボリシェヴィキの古いメンバーたち」

キャプション2

「レーニン像は何を言っているんだろうね？」

『私は確かにトロッキーと協力した。過ちを認めます』と言っているのさ」

◉……ボリシェヴィキの最も古いメンバーは、もちろん、レーニンです……。

セルゲイ・ツィヴィンスキー〈ラトビア〉

▼キャプション
「ある者はすでになく、ある者は遥るけくありて」

◉ロシアの文豪、プーシキンの詩の一節が書いてあります。

　すでに亡く棺に入っているのはレーニン、ジェルジンスキー。近くにいるのはスターリン。ツァーリの装いのスターリンは棺を台座にして座っています。

　その下には疲れた様子のトロツキー、カーメネフ、ジノヴィエフ。

　ですが、秘密警察長官ジェルジンスキーは、スターリンの抜擢で最高国民経済会議・議長も兼ねるようになってからスターリン派になったので、この頃のトロツキーたちにとってはいないほうがよい人です。

コンスタンチン・エリセーエフ〈ソ〉

▲一九二七年。

◉二階で真面目に働いているのは、左からモロトフ、ルイコフ、スターリン、ブハーリン。荷物を担いで顔が見えるのはカリーニン。

　下でさぼっているのは、左からジノヴィエフ、トロツキー、一人挟んで（誰なのか不明。モデルなしかと思われます）カーメネフ。

ヴィルヘルム・シュルツ〈独〉

▼一九二八年。

キャプション

「シベリアのトロツキー」

「ごらんよ、兄弟。すべては嘘と欺瞞だったと今、我々は知ったのさ。父なるツァーリはまだ生きているのだ」

◉追放された革命指導者の一団を見てささやくロシア人たち。トロツキーの横にいるのがラデック、後ろにいるのがジノヴィエフ。ボリシェヴィキがロマノフ王朝を倒して新国家を創ったなどとは真っ赤な嘘で、ニコライ二世は健在で、革命を起こそうとした者たちを罰しているのだと言っています。トロツキーはシベリアではなくアルマ・アタですが、ここではまとめて描いてあります。

ドイツには『ジンプリチシムス』という知識人に評判の風刺雑誌がありましたが、一九〇八年、ドイツ在住だったトロツキーはこの雑誌やここの漫画家たちについて、二〇ページ以上（日本語版で）の長い評論を書いています。シュルツについては、「顔の代わりに二、三の太い線、それだけで諸君の前には、完璧な顔ではないにしても、魂の動きの正確な再現がある」「シュルツの政治的戯画には……ことに以前のものには……まことの情熱が感じられる」などの高い評価。将来、自分が描かれると思っていたかは不明。本書を監修して下さった桑野隆先生の訳で、『文学と革命（下）』（岩波文庫）で読めます。

ジノヴィエフ　フルンゼ　ルイコフ
トムスキー　ブハーリン
ラデック　トロツキー
?

セルゲイ・ツィヴィンスキー

〈ラトビア〉

▼

キャプション

「私はソ連の飢饉など怖くはない。……私には党の同志だけで十分だ」

●スターリンが十分な数の同志たちを食しています。

二〇年代の「食す」はだいたい失脚ですが、この絵で今、まさに食されているフルンゼは手術中の暗殺の疑いが濃厚です。トロツキーの後に軍事人民委員になった赤軍の英雄で、明らかなトロツキー派。望まない手術をスターリンに受けさせられて死亡しています。フルンゼの後、スターリン派中核のヴォロシーロフが軍事人民委員を継ぎました。著名作家ピリニャークがこのテーマで書いた小説は即日、発禁。作家自身も三〇年代に粛清されます。

1926年 フランスまんが

ソビエトの顔

ケレンスキー

プロレタリア　ブルジョア　雑役夫　反政府活動扇動者

ジノヴィエフ　トロツキー

裁判官　使い走りの少年　共産主義者　犯罪者

故人　犯罪者

(参考)ボリシェヴィキ指導者トップ3

1927年 フランスまんが

共産主義・支持者の増加

共産主義が大嫌いなうちの編集長が、最近、ボリシェヴィキたちの発言の支持を始めた。

いったい何が起こっているのか？

スターリン「トロツキーはロクデナシのデマゴーグだ！」
編集長「スターリン氏に賛成できませんか？」

トロツキー「スターリンは汚らわしい乱暴者だ！」
編集長「トロツキー氏は正しくないですか？」

ルイコフ「ジノヴィエフは卑怯者の腰抜けだ！」
編集長「ルイコフ氏は真実を言っていませんか？」

ジノヴィエフ「ルイコフはサギ師のできそこないだ！」
編集長「ジノヴィエフ氏の主張に共感できませんか？」

ブハーリン「ラデックはイカサマ師の泥棒だ！」
編集長 「ブハーリン氏に本当に反対できますか？」

ラデック「ブハーリンはウソばかりつく最低野郎だ！」
編集長「ラデック氏に拍手せずにいられますか？」

1927年 フランスまんが

左翼反対派の真実

彼らは口をふさがれた

彼らは逮捕と銃殺刑で脅された

彼らの財産は徴発された

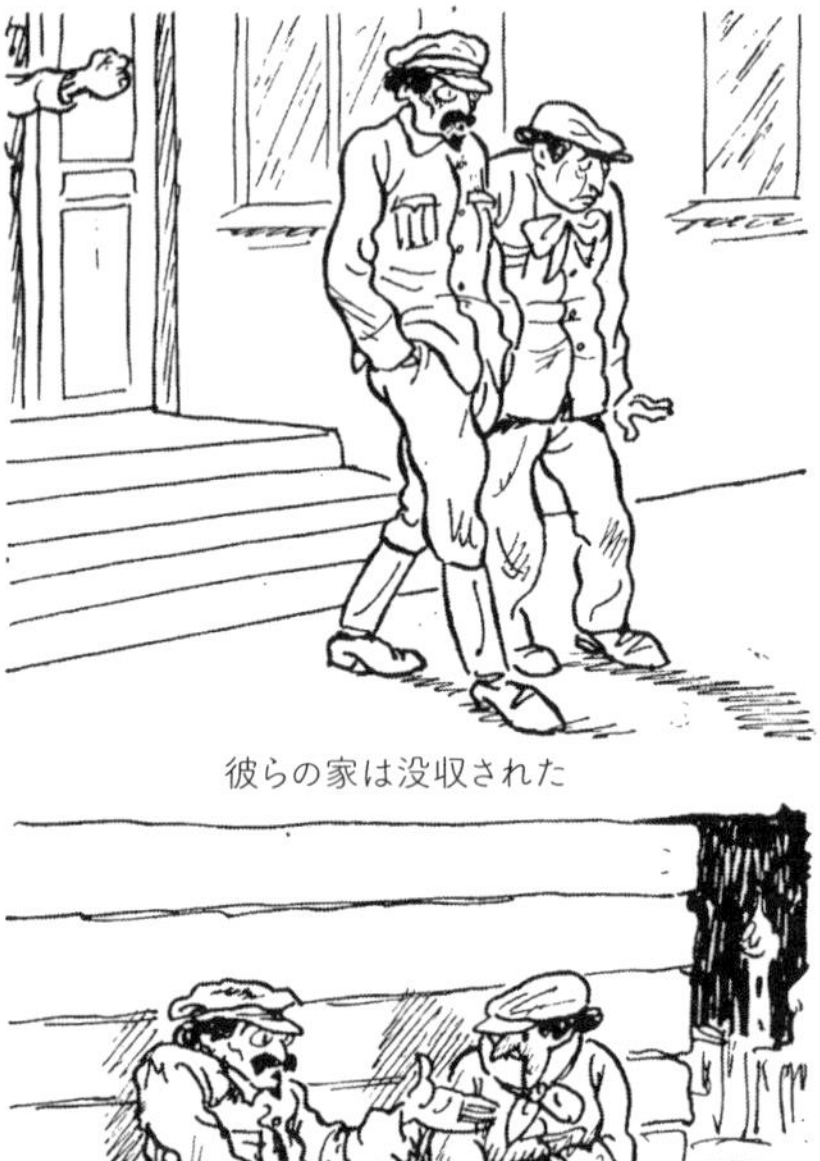

彼らの家は没収された

彼らは困窮と飢えを運命づけられた

「これというのも我々が正しかったからだ。
見ろよ、スターリン体制下のソ連でなんと簡単に
同志たちがブルジョアになったことか！」

1927年 フランスまんが

記念日を祝う集団

……つかの間の平静……

……開幕……

セルゲイ・アントノヴィチ・ツィヴィンスキー

Civis

〈ラトビア〉

ツィヴィンスキーはポーランドでロシア帝国の将校であった父の許に生まれました。初めの職業は軍のパイロットでしたが、1916年、モスクワへ行き漫画家デビュー。ですが、革命が起こってしまったので1920年にはラトビアに渡り仕事をしました。モスクワ時代に本名を縮めた「ツィヴィ」のペンネームを使っていましたが、その後ラトビア風の「ツィギィス」に変えたようです。偶然かもしれませんが、「civis」はラテン語で「市民」、ポルトガル語なら「民間人」を意味します。いずれにしても極めて抽象的なこの名は、ソ連と隣り合わせの小国で危険な作品を描いている作家によく似合います。政治漫画を含め多彩な絵を描きました。個展を開いたこともあるほどの人気だったようです。ロシアやラトビアやポーランドには反体制的地下出版の長い歴史がありますが、ツィヴィンスキーは表で描いています。十月革命の影響で独立国になっていたとはいえ、見上げた勇気と言えるでしょう。（地下出版はやがて、読んだ人が自分で手書きやコピーして広めるという、より手の込んだ秘密性の高い「サミズダート」へと進化してゆきます。「サミズダート」を読んでみたい方は、『スターリンと闘った人々』（柘植書房）で迫力あるロシアものが読めます。）しかし、1934年、ラトビアで政治漫画が禁止されると、仕事が激減して渡米。アメリカでも成功していたようなのですが、ホームシックにかかったのか翌年、ラトビアへ戻ります。以後はスポーツ漫画などの仕事をしていましたが、1939年、ラトビアがソ連に併合されると、1940年、逮捕されます。そして、モスクワへ強制送還され、1941年に銃殺刑を受けました。このページの絵は印刷が薄くなってしまっていますが、皇帝スターリンに反対するトロツキー、カーメネフたちが群衆となってやってきた姿です。キャプションは「反革命者は君だ」。文字通り、命を賭しての作品です。

ミハイル・アレクサンドロヴィチ・ドリゾ
MAD
〈仏〉

ドリゾはウクライナで生まれ、革命期にフランスへ渡った漫画家です。移住先で『フランスで暮らすロシア人のための新聞』に作品を描きました。本書にいくつも収録したコマ割り「フランスまんが」のほとんどは、ドリゾの作品です。ペンネームの「MAD」はウクライナ時代から使っているので、こちらも単にイニシャルのようですが、英語なら「気違い」の意味になります。ラトビアで描くよりははるかに安全とはいえ、スターリンのスパイはどこにでもいますから、危険を伴った似合いの名前です。今から100年前、70年前の漫画は画力、アイデアともにレベルがピンキリなのですが、ドリゾは天才です。一枚絵の風刺画はともかく、コマ割り漫画の作法も技術もまだまだ確立されていなかった時代に、毎週、コマ割り漫画を発表し、21世紀作品かと見まがうセンスを発揮していました。近年、ドイツで歴史的大ヒットを飛ばし、映画化された小説『帰ってきたヒトラー』の表紙は、1939年に

ドリゾが描いたこのイラストから案を得たように見えます。また、この本に載せた「ウクライナまんが」は署名がかすれて読めないので、「作者不詳」ということにしていますが、初期のドリゾに絵がそっくりです。ロシアで最も有名な「アダムとイヴ」ジョークの元ネタ［P.154、164］を考えたのもドリゾかと思われます。これほどのセンスを持つドリゾですが、読者対象の狭さからメジャー作家になっておらず、どの国のWikipediaにも名前さえありません。ドリゾが極めて限られた層に向けてコマ割り漫画を連載していた小さな新聞は、1939年まで発行されていましたが、1932年以降（ナチスの大躍進以降）のものはあまり残っていません。ドリゾ作品の大半は「反共」ですが「反ファシスト」も含まれており、1940年、フランスがドイツに敗戦したので、新聞の発行人もドリゾも逃げて、その時、作品も紛失してしまった気がします。1942年、ナチスに逮捕されますが、翌年、釈放。1953年まで無事に生き延びたようです。

1927年 フランスまんが

ロシアへの郷愁

人々は祖国ロシアを懐かしむ
猛暑のアフリカで…

パリの屋根裏部屋で…

絵のように美しいボスポラスの岸辺で…

騒々しいドイツのビアホールで…

遠いメキシコで懐かしむ…

だが、どこにいてもソ連ほどには
痛切にロシアを懐かしむことはない

1927年 フランスまんが

同志亡命者諸君！ ソ連へ戻ってきたまえ！

外国へ行った移民は仕事がないとぼやくが…

思い起こすがよい
ソ連では仕事にありつけることを…

外国へ行った移民は部屋探しが大変だとぼやくが…

思い起こすがよい
ソ連では無料の部屋がいつでも提供されることを…

外国へ行った移民は物の値段が高いとぼやくが…

思い起こすがよい
ソ連では命の値段がどこよりも安いことを…

1928年 フランスまんが

賭博

コミュニスト「白を打つ!」

君主主義者「ああ、絵札があれば!」

道標転換派(元メンシェヴィキ)「赤に賭ける…」

ソビエト外交官「王手!」

反対派「しまった。裏目に出た!」

(フランス身分証明書発行センター)
ロシア移民「有り金ぜんぶ、このカードに!」

第四章

独裁者

アーサー・ジョンソン〈独〉

▼

一九三七年。スターリンがドクロの山に座っています。積み上げられた犠牲者の数は、自然の山脈に匹敵する高さになったようです。「山積みされたドクロ」の絵は数多くありますが、これらの基になっているのは、ワシリー・ワシーリエヴィチ・ヴェレシチャーギンの「戦争の結末」ではないかと思われます。特にこの絵は、スターリンの背後の山の形が、「戦争の結末」のドクロの山の形に似ています。

五ヶ年計画と集団農場

地方の党委員会・書記官の家にトコジラミが現れた。
書記官は昆虫の専門家を呼び出して、
トコジラミを追い払う方法を尋ねた。
専門家は答えた。
専門家「最高の方法は、彼らを集団農場に組織することです」
専門家「彼らの半分は逃げます。そして、残りは死ぬほど飢えます」

ライバル排除に成功し独裁者となったスターリンは、より社会主義的な国家を創るため、第一次五ヶ年計画に着手します。「第一次」が終わると「第二次」「第三次」と移行していきますが、いずれも計画経済のことで、最大の課題は重工業の発展です。

レーニンの有名なスローガン、「共産主義とはソビエト権力プラス電化である」にもあるように、イデオロギー的にも大切な工業ですが、その中でも特に重工業に主眼を置きました。ヨーロッパでファシズム思想が生まれ、満州を巡って日本と争い、世界中の資本主義国から目の敵にされているソ連は、何を差し置いても重工業を発展させ、戦争の危険に対処しなくてはならないからです。

検察官が工場労働者に質問した。
検察官「何か不満は？」
労働者1「ありません！　十分、満足しています！」
検察官が二人目の労働者に質問した。

ソ連公式ポスター（一九二一年）

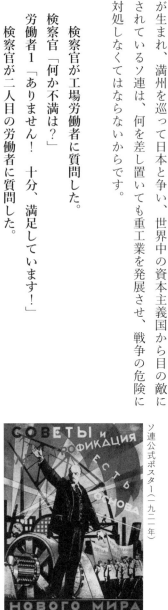

検察官「何か不満は？」

労働者2「ありません！　十分、満足しています！」

　検察官はレポートを提出した。

レポート「二人目の労働者は不必要な重複のため、シベリア工場に回せる」

　しかし、意外なことに土台は出来ていました。「欧米先進国より一〇〇年遅れたロシア」とはレーニンも言っていたのですが、ロシア産業のアンバランスは帝政時代からすでに始まっていたようで、農民は十七世紀の方法で生産、生活しているのに、工業化は世界レベルにありました。国内の全工場中、一〇〇〇人以上の従業員を抱える大工場で働く労働者の割合は、アメリカが一七・八％だったのに対し、ソ連は四一・四％に上ったそうです。

　この工業をさらに急激に発展させるため、五ヶ年計画でとてつもなく高い目標を掲げると、それに伴う人口の都市集中が起こります。都市の食料をまかなうため、また、穀物輸出で外貨を稼ぎ工業に投資するため、犠牲にされたのが国の八割を占める農民でした。スターリンは農民の土地を取り上げ、大規模化して生産性を上げようと集団農場「コルホーズ」を作ります。すでに用済みとなったブハーリンら「右翼反対派」を政治局からたたき出し、評判の良かった「ネップ」は廃止して、すべての政策を左方面に急旋回、「コルホーズ」へ強制的に農民たちを追い込みました。

　十月革命で分配された土地をまた手放すことになった農民たちは、非常に激しく抵抗します。が、抵抗した数百万人が、「富農撲滅」の名によるシベリア送りによって「絶滅」させられました。「富農」の基準はあいまいな上、極めて低く、家畜を二頭持っていたら、もうそれは「富農」です。つまり、努力したり工夫したりして、人より僅かでも成果を出していた人々がこの政策に反対し、彼らが刑罰を受けたのです。

スターリンの厳しい再三の取り立てに音を上げた地区担当者が言った。

担当者「古い格言にもありますように、最も美しい女性も自分以上のものを与えることは出来ません」

スターリン「なるほど。しかし、彼女は何度も与えることが出来る」

土地と自由と意欲を奪われた農民たちは、目立たないように注意しながら、出来る限りさぼることで仕返しをするようになりました。そして、どうせ取られてしまうならと、多くの者が手持ちの家畜を処分して食べてしまいます。人間の大量死は想定内でも、国家の財産たる家畜が減ることは、スターリンにも想定外です。驚いていったんは集団化の手を緩めました。しかし、結局は「コルホーズ」を完成させます。

ですが、巨大な犠牲を出しながら形としては整えたものの、生産性はほとんど上がらなかったようです。それどころか、一九三二年から一九三三年にかけては、ウクライナ中心に天候のせいではない大飢饉が起こりました。急激な工業化はつまり、農民から工場労働者への大掛かりな職業変更を伴います。食べる人数が同じなのに生産する人数が減るということなので、先にトラクターなどによる機械化の整備が必要ですが、スターリンがいっさい構わず突如、始めたのでこうなったのです。飢饉でも数百万人が亡くなっています。

ただ、これは単なる大失敗ではなく、ソ連に反抗的なウクライナの抵抗を抑えるため、わざと起こした人工大飢饉（ウクライナ語で「ホロドモール」）ではないかという指摘があります。ロシアでも飢饉は起こっていますが、ウクライナの惨禍はあまりにも異常だからです。この説は信憑性があるでしょう。

農業政策の成果は目を覆うようなものでしたが、この時期、工業化のほうは大成功しています。一九二九年のニューヨーク発の大恐慌で、資本主義国の経済が総崩れになる中、そこに巻き込まれなかった社会主義国ソ連だけは飛躍的な発展を遂げました。スターリンは「五ヶ年計画の成果」を盛んに吹聴します。

ノルマを増やされた工場担当者が労働者たちにハッパをかけた。
担当者「同志諸君、これからは時短で臨む。心してくれたまえ」
労働者たちがうれしそうに拍手した。
労働者「ありがたいです。一時間が六〇分は長いと思っていました。一時間が三〇分くらいなら一日一六時間労働でもいいです」

実はこの「計画経済」と「農業国有化による急速な工業の発展」は左翼反対派が唱えていた政策です。五ヶ年計画の綱領には恥知らずなことに、トロツキーが内戦時代に書いた文章の丸写しまでありました。すでに「謝罪」してしまったジノヴィエフ、カーメネフを除き、ラデック、ラコフスキー、その他、一六〇〇人の左翼反対派は「無茶な計画を立て、ソ連の経済を混乱させようとした」罪を問われ、シベリアへ流刑されていました。トロツキーはモスクワ追放の後、国外追放となり、トルコの孤島にいます。彼らの計画はスターリンよりはるかに穏健で、「強制ではなく説得して農民を集団農場に入れる。生産性が上がって暮らしが豊かになれば、翌年以降、自主的に多くの者が参加するだろう」というものでした。しかし、目指す体制は同じなので、主導部（スターリン）が左へ政策転換して彼らと共通の目的を持ったなら、彼らは「正しかった」ことになり、一刻も早く名誉回復して冤罪を晴らし、モスクワへ呼び戻すのが当たり前です。が、スターリンはこれを完全に無視し、五ヶ年計画はスターリン・オリジナルの素晴らしい社会主義建設なのだと宣伝します。シベリアでは「スターリンが我々の政策を盗んだ！」と怨嗟の声が上がりました。

ソ連・芸術アカデミーは「アダムとイブはロシア人だった」という学説を出した。
着るものもなく、移動も許されず、食べるものはリンゴだけ。

それでも自分たちは天国にいると信じていたのだから。

ミハイル・ドリゾ〈仏〉

▼

一九二〇年。

キャプション

「社会主義者の天国で」

レーニン「皆さん、自分で見て下さい。これは天国じゃないですか？」

◉内戦真っただ中の一九二〇年。荒廃している「社会主義者の天国＝ソ連」で、やせ細った裸の男女を前に開き直るレーニン。

名高いアネクドート（ロシア・ジョーク）の中でも、「アダムとイヴ・ジョーク」は最高傑作と評されます。が、実はこれはウクライナ人のドリゾが、フランスで発表した作品のパクリではないかという疑惑が湧いてきました。

オスカー・ガーヴェンス〈独〉
▼
一九三二年。

◉極めて無理な体制でロシアの熊（国民）に強制労働させるスターリン。熊の引く荷車には「五ヶ年計画」の文字。これは熊が逃げないように固定しているところです。

移動を許可制にして許可しない、悪名高い「旅券制度」は帝政ロシアの時代からあったのですが、革命で廃止されていました。

が、スターリンが復活させてしまいました。

オスカー・ガーヴェンス〈独〉

▼一九三八年。

キャプション

子供（国民）「あれもこれも約束してくれたじゃないか！」

父親（スターリン）「あっちへ行け。今、**時間がない**」

●……そして、ハエ叩きに専念するスターリン。

革命時、および五ヶ年計画前にあれもこれも約束したボリシェヴィキ。その成果を揶揄しています。

1930年 フランスまんが

10月革命のスローガン

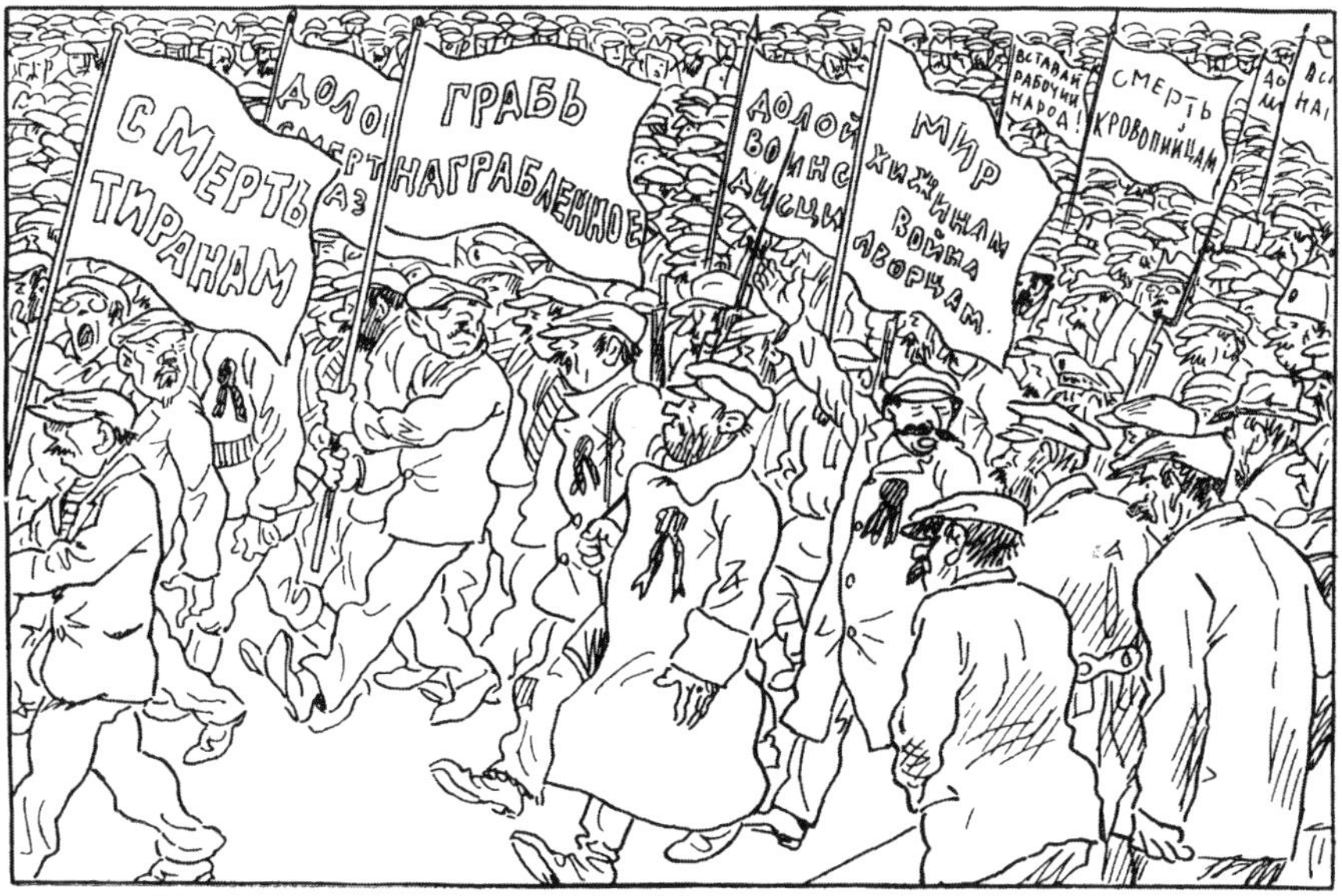

「圧政者に死を!」「略奪されたものを奪い返せ!」「死刑廃止!」「貧乏人には平和を、宮殿には戦争を!」「すべての権力を人民へ!」
1917年10月のスローガン
「同志諸君! 我々の旗の下、ともに進もう!」

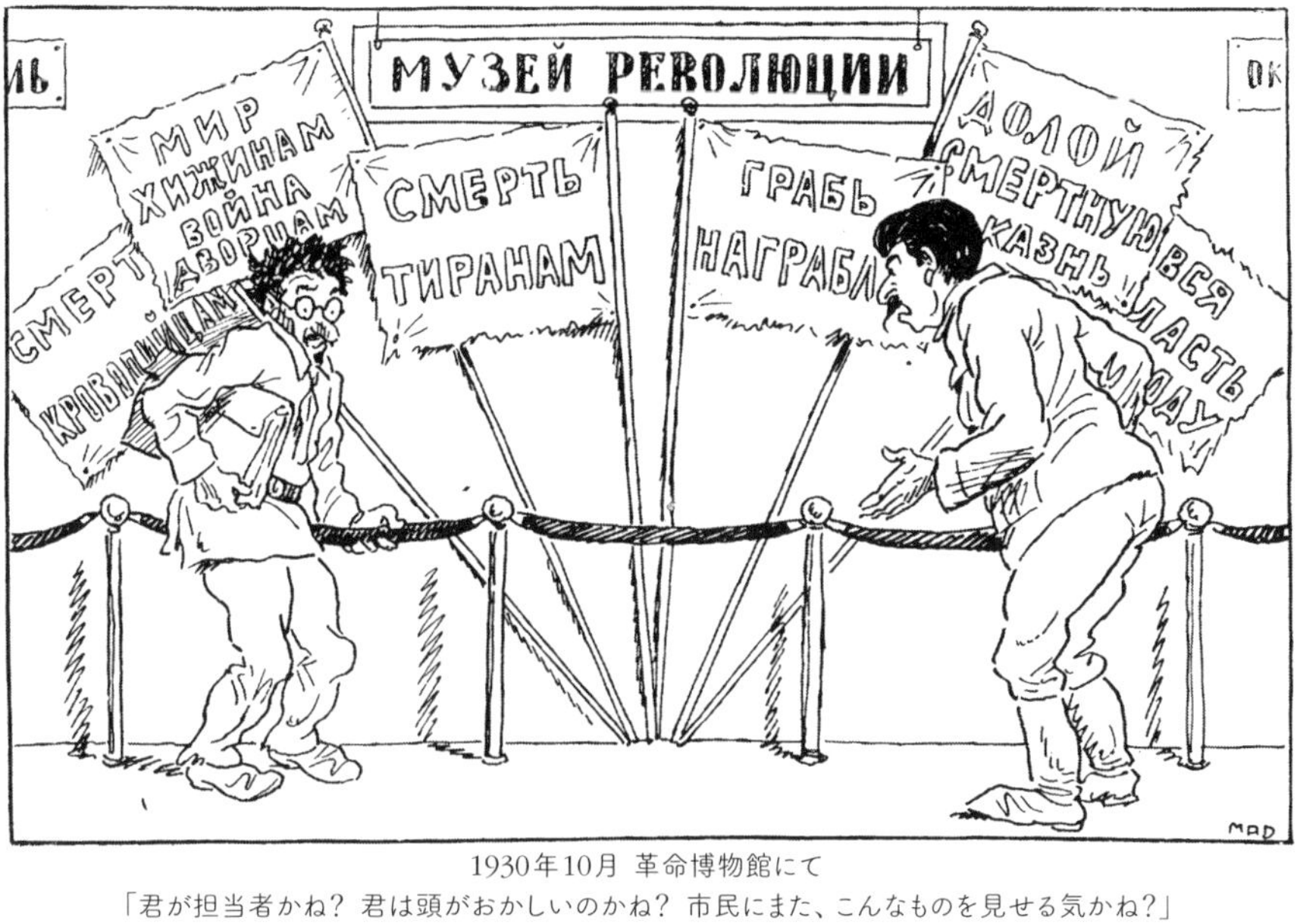

1930年10月 革命博物館にて
「君が担当者かね? 君は頭がおかしいのかね? 市民にまた、こんなものを見せる気かね?」

1931年 フランスまんが

5ヶ年計画の成功

1年目

「同志諸君！ もう少しだけガマンしてくれたまえ。5年後にはそんなボロを着ることもなくなる」

5年後

「同志諸君！ 党が約束を果たしたことをともに喜び合おう！」

1936年 ドイツまんが

ソビエト・プロパガンダ

「我々はシベリアに80万人の住民が暮らす大都市を持っている!
ブルジョアではなく、土地に根付いたプロレタリアの住民だ!」

「我々は他国の追随を許さない!」

(実際には0が足りません。ソ連の現実は外国の予想をはるかに超えます)

秘密警察が裏切り者を捕まえた。
秘密警察「君は自分の罪を理解しているのかね?」
裏切り者「いいえ。ですが、私は自分がどこにいるのかは理解しています」

キーロフ事件

独裁者となったスターリンの前に、また新たなるライバルが現れました。レニングラード第一書記で、一九三〇年からは中央(モスクワ)の政治局員にもなったキーロフです。街へ出て積極的に国民に話しかけるキーロフは、党内外で人望があり、当初はスターリンにも好かれていました。しかし、過度な人望はソ連では災いの種です。

スターリンの強引なやり方に納得できないレニングラードの党員たちが、モスクワからスターリンを排除し、後釜にキーロフを据える計画を立てました。大それた野心を持っていなかったキーロフは、話を持ちかけられて仰天し、すぐさま断り、すぐさまスターリンに報告します。身の潔白を示そうとしたのです。スターリンは落ち着いた素振りで聞き、報告のお礼まで言いました。しかし、嫉妬する能力では人類最強の男です。表面上は冷静さを保ちながら、言葉の端々にキーロフへの憎しみを漂わせるようになりました。

そんな一九三四年、第十七回党大会が開かれます。

党大会では選挙権を持つ一九六六人の代議士たちが、一三九人の中央委員(中央委員候補を含む)を選ぶことになっていました。ただし、この「選挙」は書記局(スターリン)が選んだ候補者たちの名簿を見て、不適格と思う候補者を線で消すだけの形式的なものです。リストに載っている者はそのまま当選が当たり前なので、波乱は起こらない筈でした。

が、大波乱が起こるのです。キーロフへの「不信任」が二~三票しかなかったのに対し、スターリンへの

「不信任」は一〇〇票を超えました。一二三票から二九二票までの間のようですが、「不信任」票の多くが破棄されてしまったので、正確な数は分かりません。

Q：レーニンが普通の短靴を履いていたのに、スターリンがブーツを履いていたのは何故ですか？

A：ロシアに降り積もる汚物の量が、レーニンの頃にはまだ足首までで収まっていたからです。

しかも、党大会中、キーロフの演説の時には代議士たちが立ち上がって拍手する人気ぶりです。さらに言うなら、以前、キーロフは大飢饉の惨状を見て、「トロツキーを呼び戻して現状を立て直してはどうか？」と発言したことがあるようです。スターリンの腸が煮えくり返りました。

恐れたキーロフは気を遣い、演説中、繰り返ししつこいまでに「スターリン支持」を表明します。しかし、レニングラードへ帰ったキーロフの身辺で、次々と怪しげな事態が発生しました。

①地盤のレニングラード第一書記ではなく、モスクワの書記に転出させようとする動き
（出世であるが、スターリンの傍に置かれることになる）
②キーロフと親しいレニングラード秘密警察長官を更迭しようとする動き
③キーロフと親しい中央の幹部と連絡がとれないこと
④キーロフの新しいボディガードとして、望んでもいない四人の人物が勝手にモスクワから送り込まれてきたこと

不安を抱えて過ごしていたキーロフは、ある日、執務室の前ですれ違った男に至近距離から撃たれます。そして、即死しました。地方に現れた成長株は、脚光を浴びた途端に亡くなってしまったのです。この時、馴染みの古いボディガードは新しいボディガードに邪魔されて、キーロフから離れたところにいました。撃

った男はニコラエフという名で、この男の妻とキーロフが愛人関係にあったとされています。どうだか怪しいものですが。

電話で報告を受けたスターリンは、聞いた瞬間、この非常事態に対応するために「十二月一日法」を制定。「テロリストとして告発された者を一〇日以内に裁判にかけ、一切の控訴を認めず直ちに処刑することが出来る」という恐るべき政令です。

この事件をきっかけに「大粛清」時代が始まるのです。

キーロフ事件が「スターリンの犯行」である確実な証拠はないのですが、暗殺計画は文書に残すものとは限りません。事件前後の不審な状況とその後の異様な展開、結果、スターリンのすべての政敵が死に絶えたことにより、当時の党幹部を含め大方の見方はそうなっています。

この「キーロフ事件」を扱ったジョークもありますが、リアルすぎて史実に思えてしまいます……。

幹部たちを集めたスターリンが沈痛な面持ちで言った。
スターリン「昨日、我々の愛する同志キーロフが殺された」
風邪をひいて耳が遠くなっていた幹部が聞き返した。
幹部「えっ？　誰を殺したんですか？」
スターリン「……我々の愛する同志キーロフが殺された」
幹部「誰を？　誰を殺したんですか？」
いらだつスターリン。
スターリン「殺す必要のある者を殺したんだ！」

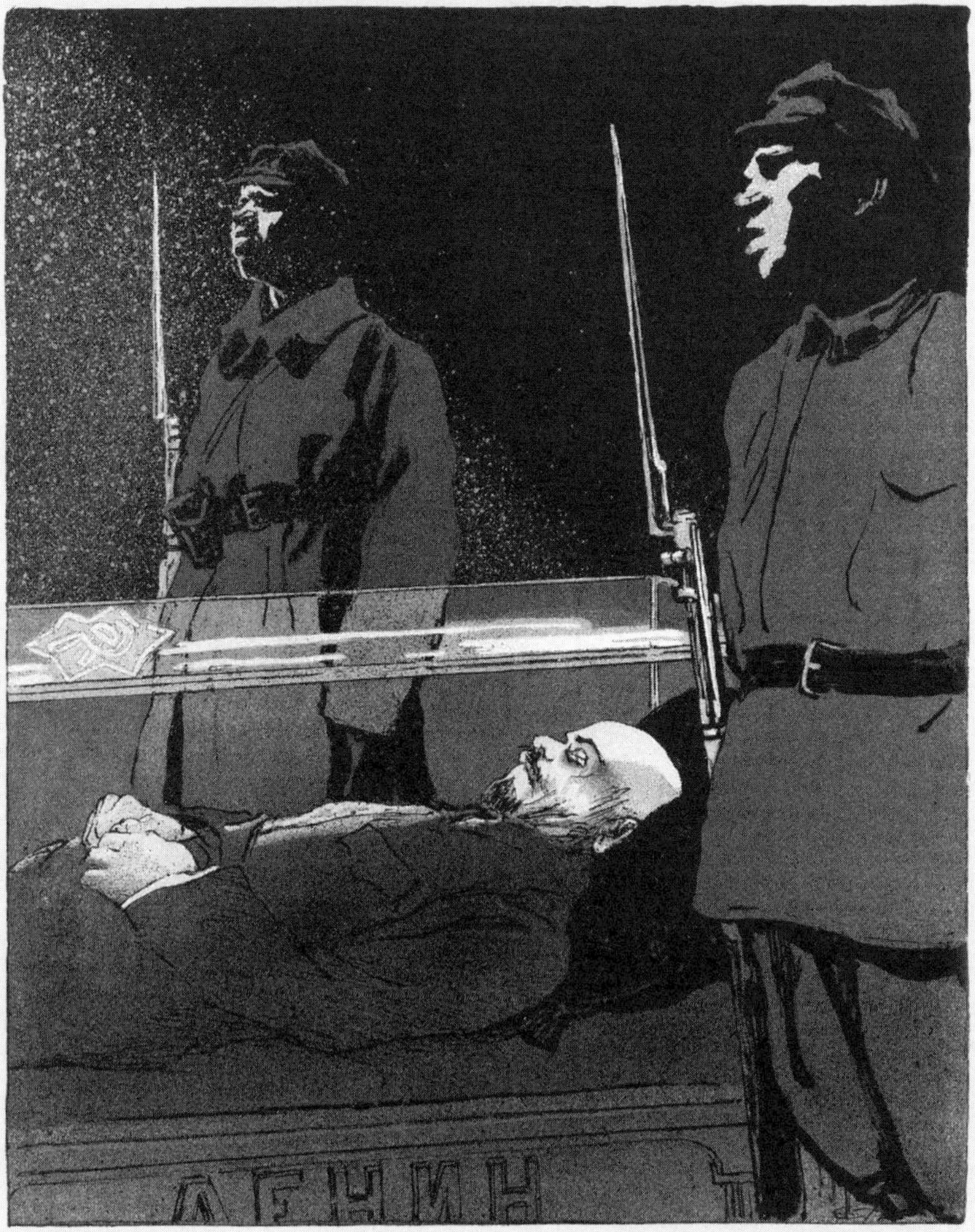

エドゥアルト・テニィ〈独〉

▼

一九三七年。

キャプション

「モスクワの側面」

「兄よ、私はいつも考えるんだ。我々はここで長い長い間、見張りをさせられているが……。もうじき、父なるスターリンが来て、レーニンをもぶちのめしてくれるだろうとね」

◉スターリンが来たら、彼らは見張りから解放されるようです……。スターリンから守るために、見張りをさせられているのかも分かりませんが。

　スクリーントーンのない時代、鉛筆の粉など独自の手法で効果を出した芸術的な作品。

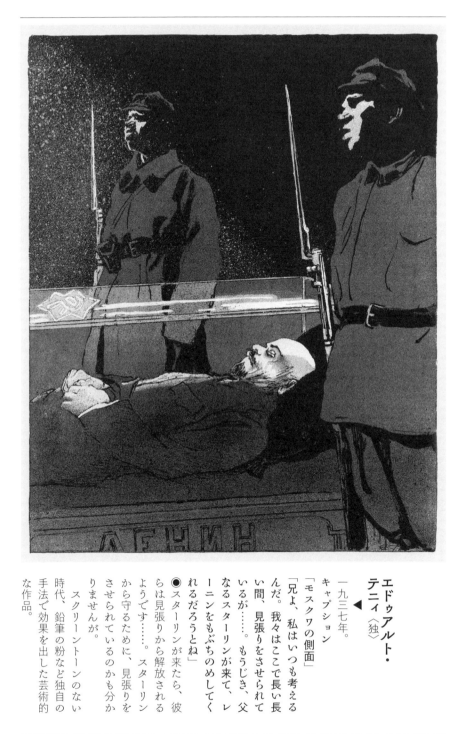

1931年 フランスまんが

遠い先祖

同志を兄弟のように愛する
スターリンの先祖はカイン。

リトヴィノフの先祖はハム。
嘲笑を楽しむ陽気な男。

現金(印税)での報酬を好むユダは
偉大なゴーリキーの先祖かもしれない。

デミヤンは先祖の存在を否定した。
彼には父母さえ不明だからだろう。

ダーウィンの理論を支持する
ラデックの先祖はここにいる。

では、大半のロシア人の先祖は?
これはもう疑いなく、裸一貫でも自分を
最初の人類とみなしたアダムだ!

大粛清

名作「一〇〇万回生きたねこ」
一〇〇万回の転生を経て幸せの意味を知る。
迷作「一〇〇万回生きたスターリン」
一〇〇万回の転生を待たず人類滅亡。

キーロフ事件で始まった大粛清は、名前の売れていた党幹部を片っ端から襲い始めます。「政治的失脚」だけではすまない時代が到来しました。実行犯である党員ニコラエフが「ジノヴィエフとカーメネフが事件に関わった」と「告発」したのです。「告発」により逮捕されたジノヴィエフ、カーメネフも自らの罪を「自白」しました。別の逮捕者の新たな「告発」により、トロツキーの関与も「暴かれ」ます。

驚くべきことに、かつて失脚させた政治局の同志、トロツキー、ジノヴィエフ、カーメネフが、またも徒党を組んで、「トロツキー・ジノヴィエフ合同本部」なる世界的秘密結社を築いていたのです。暗殺目標はスターリン、キーロフ、ヴォロシーロフなどの政治局員たちでした。告発ではスターリン第一の側近・モロトフの名前が抜けているのですが、モロトフもなめられたものです。

公式発表は、飛んでもいない飛行機や存在もしないホテルで行われた「陰謀」の「告発」と「自白」を証拠として、矛盾に矛盾を積み重ねた「事実」を組み立ててゆきます。最終的には「ヒトラーと日本の天皇とイギリス情報部に雇われたトロツキーが、ジノヴィエフたちを通じてソ連中の政治、産業を腐敗させ、ソ連を滅ぼす指令を出した」ことになりました。荒唐無稽もここまでくると、どう形容していいのか分かりません。政治だけでなく産業まで入っているのは、「五ヶ年計画の目標未達は裏切り者がいたせいだ」として、スターリンの責任を回避するためです。

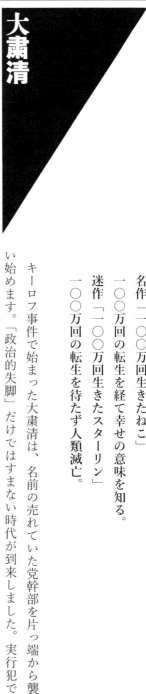

トロツキーは国外追放されていたので、ジノヴィエフ、カーメネフだけが裁判にかけられました。死刑の判決が下されますが、この逮捕、処刑が正当であることを証明するため、わざわざ外国のジャーナリストたちを招いて「モスクワ裁判（またの名を『見世物裁判』）」が行われます。招待されたジャーナリストたちは、被告たちがあまりにも素直に完全に徹底的に自分の罪を認め、あらゆる屈辱を自分に課して、さらにはスターリンを礼賛する様子を目撃して衝撃を受けたようです。

続いて、ルイコフ、ブハーリンも捕らえられ、同じことが繰り返されます。トムスキーは自殺したので、後のトロツキー暗殺成功をもって、レーニン没時に政治局にいたレーニンが頼りにしていた大幹部たちは、全員がこの世から消えることになります。欧米とのパイプ役だったラデックは獄死、「シベリアのレーニン」と尊敬されたスミルノフや、トロツキーと親密だったラコフスキーも銃殺されました。

十月革命以前からの党員を「オールド・ボリシェヴィキ」と呼びますが、この時代を生き延びたオールド・ボリシェヴィキは三％くらいしかいないだろうと言われています。最も有力な人々が属するこの層がほぼ全滅させられたのは、まさに有力だからでした。

革命後に入党した党員たちは、出世目当てで、学も低くてマルクス主義の理解不足な者も多かったのですが、スターリンにとっては操りやすい彼らのほうがいいのです。オールド・ボリシェヴィキはそうはいきません。保身を目的に地下活動に走る人間はいませんから、スターリンに従う素振りを見せても心の中は頑固でした。

ですが、最も許しがたいことは、彼らが「革命を体験している」ことです。せっかくスターリンが歴史偽造をして偽のソ連史創りに励んでいるというのに、オールド・ボリシェヴィキはスターリンが革命で活躍しなかったことも、レーニンに最後は見捨てられたことも、レーニンの思想を受け継いでいないことも、単に陰謀が成功しただけで後継者の資格などないことも、そのすべてを「知っている」のです。

だからこそ呪い、命を取らねば安心できませんでした。

オールド・パー
イギリス史上、最高に長生きした伝説の人物。長寿にあやかりウィスキーが作られた。
オールド・ボリシェヴィキ
ロシア史上、最悪の時代に死んだ伝説の集団。天寿をまっとうできなかった者たちの総称。

この流れはもう少し格下の党員にも及びました。スターリンに一〇〇票以上の「不信任」票を突き付けた、第十七回党大会の大会出席者たちは、一九六六人中、一一〇八人が逮捕。彼らに選ばれた中央委員と中央委員候補は一三九人中、一〇八人が逮捕。逮捕者のほとんどは死刑か獄死です。それより下の一般党員にも「人民の敵」がはびこっていたらしく、人類が経験したことのない規模の逮捕劇が吹き荒れました。合計三回、被告五四名の「モスクワ裁判」以外の人々は、公開はされず秘密裏に巨大に消されてゆきました。

「社会主義が発展した後に、理想の共産主義社会が出現する。支配階級の存在しない世界では、社会原則により秩序が保たれ、法は不要となり、国家すら役割を失い消えてなくなる」

これがマルクス主義ですが、スターリンは「社会主義が発展するにつれて、抵抗が激しくなり階級闘争が激化する」「資本主義国に取り囲まれているソ連では、国家は存続を続けねばならない」と、国家権力を極限まで増大させ大粛清を強行しました。それでありながら「ソ連では社会主義が完成した」として、大粛清真っただ中の一九三六年に、文面だけは世界一、民主的な「スターリン憲法」を発布しています。

一体、何が起こっているのでしょう？　信じがたいことに、馴染み深い社会主義用語を使用し、「完成した」とまで言いながら、マルクスやレーニンと真逆の結論を出しているのです。これは「教養の部分的修正」ではなく、「戦術の変更」や「一時しのぎの方便」ですらありません。世界革命を否定するスターリンのソ連では、資本主義国に囲まれたままですから、マルクスやレーニンの説いた「平和で平等な理想の共産主義社会というゴール」は、永遠にやって来ないのです。

レーニンの創った党は外見上は持続した姿を見せながら、マルクス・レーニン主義を唱えながら、その実、レーニンの思想と同志を根こそぎ剝いだ、スターリンの組織へと姿を変えたのです。

マルクス・レーニン主義
「資本主義国家のはてに社会主義国家が生まれる」
修正マルクス・レーニン主義
「資本主義国家のはてに社会主義国家が生まれ、そのはてにご都合主義国家が生まれる」

魔の手は党のみならず赤軍にも及びます。

赤軍粛清の極めて早い段階で、「赤軍の至宝」と謳われたトゥハチェフスキーが逮捕、処刑されたのです。内戦時の「ソ連・ポーランド戦争」において、スターリンの逆恨みを買ったあの司令官です。赤軍からの一人目の逮捕者がトゥハチェフスキーを「ドイツのスパイ」と告発したからです。トゥハチェフスキーの名声を妬む、スターリンの側近ヴォロシーロフ元帥たちも積極的に加担しました。スターリンは長年の逆恨みを晴らしたのです。「最も手ごわい敵から排除する」スターリンのやり方はここでも健在でした。「ターゲットを排除するまでは、それ以外の人物たちに親愛の情を示す」方法も、政治局員に対したものと同じです。

キーロフ事件は一九三四年で、トゥハチェフスキー事件は一九三七年ですが、その間は赤軍にはいっさい手を出さず、一九三五年にはトゥハチェフスキーを元帥に昇進させることまでしています。しかし、トゥハチェフスキーを排除するや否や、なだれを打って将校の大量粛清が始まりました。将校のほぼ半分である二五〇〇〇人、高級将校に至っては、元帥は五人中三人、司令官は一五人中一三人、軍団長は五七人中五〇人が犠牲となります。

勇気ある赤軍兵士がスターリンに直訴した。

兵士「同志スターリン、国家のためにこれ以上の粛清は止めて下さい！　国家を守る軍が壊滅してしまいます」

スターリン「私は別に、国家のために粛清しているわけではない」

粛清は聖職者、芸術家、知識人、元貴族、外国からの亡命者（社会主義に憧れてやって来た人々）、技術者、工場労働者、農民、スターリンの親族……と、スターリン本人を除く、すべての階級のあらゆる人々に及びました。途中からは容疑者もいないのに「このセクトから一千人」「この地域から二千人」などと、数値目標が掲げられるようになります。「反革命分子の一掃」が建前でしたが、ここに便乗して個人的恨みを晴らそうとする虚偽の告発も、大変な数に上ったようです。

国内（ロシア共和国）だけにとどまらず、連邦内にある国もすべて対象となりました。スターリン時代の被害がひどかった国は何といってもウクライナ、続いてポーランドですが、ウクライナの粛清に至っては、政府の閣僚全員が「人民の敵」となり、一人残らず死刑にされています。現実とは信じがたいことです。

キリスト教徒は死後の「復活」を信じる。
社会主義者は死後の「名誉回復」を信じる。

キーロフ事件が起こった一九三四年から、嵐がほぼ収まる一九三八年までの死刑は、ロシア連邦国立文書館の公開資料によると六八万六〇九五人でした。ただし、これは「合法的に」なされた分だけです。後にフルシチョフやゴルバチョフが調査したところによると、秘密裏に処理されたものや尋問中の死なども合わせ、逮捕による犠牲者は二〇〇万人と推定されています。ここに「人工飢饉」や、「富農撲滅」政策によるシベリア移住と強制労働などによる死も足すと、スターリンの犠牲者総数は一般的に二〇〇〇万人と言われます。もっと少ない説からさらに多い説までありますが、どちらにしても多すぎて検証不能のようです。そもそも、国家の財産である家畜の死亡数は統計を取っているのに、人間の死亡数（自然死を含む死亡数）は統計を取っていないからです。

ちなみに第一次世界大戦で、すべての国の兵士と民間人を合わせた犠牲者総数は、少ない説で七五〇万人、多い説で一六〇〇万人くらいだそうです。周辺のソ連領地域を含め、スターリン時代のソ連は人間の住める国ではありませんでした。

ソ連の工業化はめざましい発展を遂げた。
もうじき、ソ連のほぼすべてのイスは電気イスに置き換えられるだろう。

しかし、当時の無学で素朴な一般的ロシア人は、恐れおののいて暮らしているものの、なんと、スターリンを憎んでいなかったのです。ソ連は世界初の「プロパガンダ国家」でもあるのですが、「政府が嘘をつく」などとは疑いもしない多くの人々は、新聞に発表されるそのままを信じ、逮捕された人でさえ「秘密警察がひどいことをする」「政府高官に『裏切り者』がいるせいで自分がこんな目に遭う」「スターリンが知ったらやめさせてくれるのに」と思っていたようです。

ヒトラーの悪行に気付かないフリをしていたドイツ国民とは違い、ヨーロッパから地理的に隔離されたあまりにも広い国土の中では、他国からの情報に触れることもなく、スターリンの嘘八百がまかり通っていたのです。一般国民どころか、党員であっても事実を知るものは指導者層に限られていました。

「人民の敵」として処刑された党員たちの名誉は、ペレストロイカでようやく回復されました。しかし、今なお、一〇〇年にわたる世界の認識において、トロツキーは不当評価され続けています。

スターリンの死後、かつてはスターリンの手先だったフルシチョフが「スターリン批判」を行います。（堂々と発表したのではなく、発言が漏れました）。スターリンの正体が暴露され、「全人民の父」の偶像は叩き潰されたわけですが、限界がありました。当時、あおられて激烈な「トロツキー攻撃」を行った人たちは、今さら後に引けなくなっており、トロツキーは延々「反革命者」として定義づけられたままとなります。

当時の社会主義者にとって、①未曾有の殺人鬼を指導者として仰ぎ見ていた上に、②その殺人鬼に正面から立ち向かった革命の英雄まで迫害したとなると、「失われた三〇年」どころか、イデオロギーを汚していたのは自分たち自身となってしまうので、絶対に受け入れられなかったのです。「トロツキー暗殺」から二〇年後、「スターリン批判」から四年後、暗殺犯メルカデルが出所した時、フルシチョフはメルカデルに「ソ連邦英雄」の勲章を与え、自身の過ちを正当化してその見解を次世代に伝えました。世界中の共産党もこれに倣います。

迫害世代が死に絶えた現在、さすがにトロツキーを「裏切り者」呼ばわりする風潮は薄れました。が、ロシアの「歴史教科書」はトロツキーの功績について、今でさえ、ほぼ何も書いておらず、復権は亀の歩みなのです。トロツキーに正当性があればあるほど、先輩たちの大失敗を浮き上がらせることになるからで、トロツキーについてだけは、まさに「過剰な過小評価」「極小評価」「無視」を続けているのです。

しかし、事実にフタをして「マルクス主義の科学」も「歴史的必然」もあったものではなく、権力のない個人となってからも、命をかけてスターリンの犯罪を告発し続けたトロツキーこそが、「革命の英雄」かつ、「社会主義の良心」だったのではないかと思えます。さらに、トロツキーこそが党の大先輩です。
スターリンに関するジョークは、スターリン批判以降に急増したようです。スターリン生存中も、皮肉屋のラデックなど一部の党員がたくさん作ったと言われていますが。

スターリンのお気に入りのパイプがなくなった。
スターリンは秘密警察のベリヤに尋ねた。
スターリン「私のパイプを知らないか?」
ベリヤ「すぐに探します、同志!」
数日後。
スターリン「パイプが見つかった。ソファーの下に落ちていたよ」
ベリヤ「そんなはずはありません、同志! すでに三名逮捕され、全員、自白しました!」

登場する秘密警察がエジョフではなくベリヤなので、ラデック作ではありませんが(ベリヤの時代はラデック逮捕の後です)、このジョークはスターリン生存中からありました。なぜ、そんなことが分かるかと言うと、スターリン本人がこれを語って笑っているからです。スターリンは「知っててやっている」のです。

Q:スターリンが「スターリン・ジョーク」を集めているというのは本当ですか?
A:本当です。同時に語った人々も集められています。

ユーリー・ガンフ〈ソ〉

▼

一九三五年一月。

キャプション

「反革命博物館」

「ギャラリーは補充された」

●展示作品は左から臨時政府ミリュコフ外相、白軍ウランゲリ将軍、白軍デニーキン将軍、カーメネフ。今、ジノヴィエフの絵も追加されました。作品補充のお祝いに各界代表たちが訪れています。

……このイラストにこのキャプション。

まるで外国の風刺画のようですが、堂々とソ連の真ん中で発表され、作者は「人民芸術家」にも選ばれています。これはソ連政権の主張に沿っているので問題はないのです。

ジノヴィエフ、カーメネフが逮捕されたのが一九三四年十二月で、処刑されたのが一九三六年。

臨時政府高官や白軍の将軍たちは、もちろん初めから反革命勢力なので、先に絵がかけられています。

ミリュコフ外相とデニーキン将軍は亡命して生き延びました。ウランゲリ将軍は外国で死亡（毒殺の疑いが強い）しています。

オスカー・ガーヴェンス〈独〉

▼

一九三六年。

●胴体が一つで頭が複数ある蛇が、自分自身を食べています。

ジノヴィエフ、カーメネフの首はすでに落ち、今、ルイコフが秘密警察に食いつかれ、トロツキー、ラデックが奮戦中。スターリンの横の首はリトヴィノフ。

入党の遅いラデック（トロツキーと同時の入党）は、政治局員になったことは一度もありませんが、欧米との交渉役をやっていたのと、一三カ国語がペラペラで目立つのとで、スターリン、レーニン、トロツキーを除けば、おそらく最も多く風刺画に登場します。一時期、トロツキーと共闘していました。（迫害されて挫折）。

リトヴィノフはスターリン派ではありませんが、当時の政権サイドなのでこの描き方になっています。粛清を免れ、戦後、政界から引退した後、自動車事故で亡くなり国葬されました。が、この事故はスターリンによる偽装事故だと、スターリンの当時の側近ミコヤンが後に証言しています。理由は考え方が欧米に近いからでした。また、同じく側近モロトフによると、リトヴィノフはトロツキー、ジノヴィエフ、カーメネフにひどく同情しており、三〇年代にはたまたま粛清されなかっただけだそうです。

エドゥアルト・テニィ〈独〉▶

一九三六年十月。

キャプション

「マドリードからの別れ」

「来るべき共産革命は新たな首をどこから調達するのか？　我々が我々の首を、安全な場所に置くのが遅れた場合はどうなるのか？」

◉一九三六年七月から一九三九年三月にかけてスペイン内戦がありました。スターリンが人民戦線（政府側）を、ヒトラーがフランコ将軍（クーデター側）を支援して闘いました。

戦争を革命に結び付け、大量の首を犠牲にして政権を打ち立てたのがロシア革命ですが、この絵のボリシェヴィキたちは自らの首を安全な場所に置くため、列車でスペインを後にします。実際にはこの時点でゴーリキーは毒殺（多分）、ジノヴィエフ、カーメネフは銃殺、トロツキーはノルウェーです。リトヴィノフはもうしばらく安全ですが、作者には危なく見えたのでしょう。秘密警察ボーキーは翌年、銃殺。

カーメネフ　?　?　リトヴィノフ
?　ジノヴィエフ　トロツキー　グレープ・ボーキー　ゴーリキー

▶アーサー・ジョンソン〈独〉

一九三八年。

キャプション

「ソビエト・ロシアの『パンと公開裁判』」

「皇帝バンザイ！　死にゆく者どもが敬意を捧げます」

◉円形の闘技場の上方、要塞のような場所で君臨するスターリン。下方に外国から来たジャーナリストたち。見張りの秘密警察。上空に飛んでいるハゲタカ。

この作品は古代ローマ帝国の「パンとサーカス」をモチーフにしています。民衆に食べ物と見世物を与えて政治的批判をかわしたという愚民政策を、まさに「見世物裁判」と言われた「モスクワ裁判」に重ねているのです。映画『グラディエーター』でも、剣闘士が「我ら、死にゆく者！　陛下に敬礼！」と言っていましたが、史実かどうかは不明。が、「モスクワ裁判」の被告たちは、一人残らずスターリンを礼賛しながら処刑されてゆきました。

オスカー・ガーヴェンス〈独〉

▼

一九三七年。

キャプション

「血に飢えて」

●スターリンが飲んでいるのは、ロシアのウォッカではなく、血の色をしたワインです。ラベルに書かれた「TUCHA」はトゥハチェフスキー元帥のドイツ語表記Tuchatschewskiの初めの部分。

テーブル上と床にいくつものキャップ（将校たちの首）が転がっています。

トゥハチェフスキーの粛清は、ソ連弱体化を狙うナチスがトゥハチェフスキーの悪い噂（でっち上げ）を流し、粛清の口実を探していたスターリンが大喜びで飛びついた……と言われています。

この絵はソ連対ドイツの代理戦争と見られたスペイン内戦中に描かれました。ドイツ作家なので「赤軍粛清のせいでソ連が負けるでしょう」という嫌味が入っています。（実際、ソ連が負けましたが）。

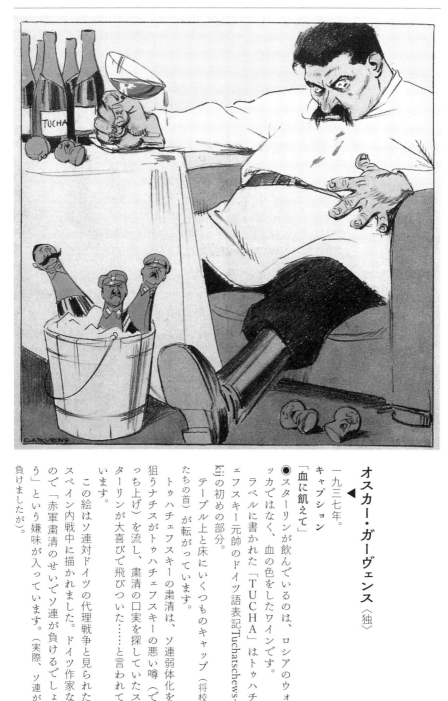

アーサー・ジョンソン〈独〉

▲

一九三八年。

キャプション

「スターリンの要塞」

「徹底した仮面暴露」

●「裏切り者」の仮面をはぐために、容疑者の顔ごと切り取っているスターリン。党員たちは我先にと出口へ殺到しています。腰に下げた犠牲者たちの顔に、特にモデルはないようです。出口がドアでなく幕になっているのは、「現実とは信じがたく、ほとんど劇場の作り話だ」という意味でしょうか？　時計の六時は、イベントの開幕時間としては、ちょうどよさそうです。

アメリカ社会主義労働者党（SWP）ポスター

▼

一九三八年三月にトロツキーと協力して制作したもの。「一九一七年のレーニンの主要スタッフ。実行者のスターリンだけが残った」

◉十月革命の主要な指導者のうち、現在も指導部に留まっているのはスターリンただ一人……という恐るべき状況を表にしたもの。

　情報不足の中、作成しているので、「行方不明？」となっている人物もいます。「見世物裁判」の計五四名以外、非公開で投獄された人々は把握が困難でした。

　現時点で整理すると、これらのメンバーは戦死二名、事故死一名、銃殺九名、獄死二名、暗殺一名、自殺一名。自然死はスターリン、レーニンを含めて八名。そのうちスターリン体制前の病死は四名なので、スターリン体制下で生き延びた者は三名です。「反トロツキー」に積極的な元反対派・女性党員コロンタイ、もともと重役につかなかった女性党員スターソワ、スターリン派のムラロフは命だけはありました。（トロツキー派のムラロフは銃殺）。

　当時、「見世物裁判」で十月革命時の指導者たちが軒並み死刑を言い渡されていたにもかかわらず、ソ連の異常を認めるのは資本主義者とファシストばかりでした。肝心要のコミンテルンは、それでもスターリンを支持しました。

トロツキー暗殺

ソ連から追放されたトロツキーがスターリンに手紙を送った。

党大会でスターリンが、その手紙を気分よく読み上げた。

スターリン「君が正しい。私が間違っていた。君はレーニンの真の後継者だ。私は君に謝罪せねばならない。　レフ・トロツキー」

党員の一人が発言を求めた。

党員「トロツキーはユダヤ人で私もユダヤ人です。ユダヤ人の文章には独特のニュアンスがあるかもしれません。私にもその手紙を読ませていただけますか？」

スターリン「もちろんだとも、同志」

スターリンはにこやかに手紙を党員に手渡した。

党員が再度、読み上げる。

党員「君が正しい？　私が間違っていた？　君はレーニンの真の後継者だ？　私は君に謝罪せねばならない？　レフ・トロツキー」

モスクワ追放の翌年、一九二九年に国外追放となったトロツキーは、強制的にトルコのプリンキポへ移住させられていました。妻と長男が一緒でした。ソ連からもヨーロッパからも遠く離れたこの島は、各地の情報が届くのに二週間を要し、それにトロツキーが返事を書き送って到着するまでに、さらに二週間かかります。トロツキーは何としてもソ連で民主的な社会主義をやり直し、そこから世界革命を起こしたいのですが、これでは満足に活動できません。亡命を希望してヨーロッパ中の政府に申請してみましたが、トロツキーを受け入れてくれる国はただの一国もありませんでした。十月革命の衝撃は、起こした当時よりはるかな脅威となって、ヨーロッパに染み通っていたからです。

それでも、次々に訪ねてくるトロツキストたちに情報をもらい、『反対派ブレティン』の発行にこぎつけました。これは世界に社会主義を広めるための事実上の個人誌です。長男リョーヴァの頑張りで、少部数ながら数カ国の言語で発行できました。「トロツキスト」はスターリンらがトロツキーを貶めるために発明した言葉でしたが、その後はトロツキー支持者らがトロツキー支持を表明するために、自ら挑むように使っています。迫害に負けないトロツキストたちの心意気にトロツキーは感謝しましたが、彼らはまだトロツキーが望むほどの力を持ちません。トロツキーは密かに、今、シベリアにいる誰かが自分に続いて追放されて来るのを待っていました。

組織が小さいのは構わないとしても、子分ばかりでなく、自分と対等に渡り合えるような骨太の相棒が欲しかったのです。政治的見解が近く、有能で、ヨーロッパに影響力のあるような「十月」の革命家、例えばラコフスキーかラデックあたりが追放されたら、同盟を組みたいと思っていました。しかし、いつまで経っても追放者はトロツキーのみでした。「本当の敵」を見据えるスターリンは、自分の自由になるソ連からトロツキーを手放してしまったことを、今や大変、後悔しており、この上、トロツキーに手駒を与えるようなバカな真似は、絶対にすまいと心に誓っていたのです。あくまでもシベリアで「反対派」の虐待を続けました。

「左翼反対派」の綱領を盗んだスターリンに対する大変な怒りは、どうにもならない極寒地で次第に諦めに変わってゆきます。被害者たちの中から、自らの「過ち」を認める者が出始めました。ラデックも早い段階で降伏してしまいます。しかも、降伏者は暗い顔をしてボソボソと、「ソ連のためにスターリンに協力するべきだ……」と言いつつ、トロツキーの追放取り消しも求めるのが普通なのですが、ラデックは手の平を返したようにトロツキーの罵倒を始めました。トロツキーはびっくりします。

ですが、それよりもトロツキーを直撃したのは先妻との間にできた娘ジーナが、スターリンの迫害で精神を患い自殺したことです。トロツキーの髪は数日で真っ白になりました。

一九三四年、フランスで共産党を敵視する社会主義者ダラディエが首相になると、ようやく亡命を認められます。喜んで渡仏したものの、スターリニストとファシストの絶え間ない迫害にあい、常に追い回され、住み家も定まらず、まるで活動できません。プリンキポのほうが一〇〇倍マシです。そこへ、先妻ソコロフスカヤの国内追放と、現在の妻ナターリヤとの間の次男セリョージャの行方不明のニュースが入ってきました。友人、知人、支持者の逮捕は浴びるほど聞いています。ソ連国内最後の「反対派」大物ラコフスキーも、長らく抵抗しましたがついに降伏しました。

資本主義国では大勢のブルジョアジーがはびこり、人民を苦しめる。
社会主義国ではたった一人のプロレタリアがはばかり、さらに人民を苦しめる。

この頃のトロツキーは自殺を考えていたようです。自分さえ死ねば、収容所にいるのは間違いないセリョージャも解放されるのではないかと思いました。傍目には魔神のごとき揺るぎない態度を貫くトロツキーですが、猛烈な孤独に苛まれ、ナターリヤが家にいない時は、ナターリヤの持ち物に触って正気を保つような状態だったようです。レーニンが自分を気遣ってくれる夢など見て、自給自足で自分を癒しました。

九カ月経ってフランス政権が変わると、また、国外退去命令を出されました。しかし、受け入れ国がどこにもないので、出ていくこともできず、追い回されながらフランス国内を彷徨い続けます。が、特にきっかけがあったわけでもなく、トロツキーはまた、ふいに立ち上がるのです。

「十月革命は私がいなくても、レーニンがいれば成し遂げられたかもしれない。しかし、私以外には今のこの仕事をする者がいない。これは十月革命以上に大切な仕事だ」

ナチスの躍進から見て、近い将来、必ず世界大戦が起こる。それに乗じて労働運動が高まり世界革命のチャンスが生まれる。この時、正しい革命を導き人々を解放するために、自分は戦わねばならないのだと信じ、そのための装置として「第四インターナショナル」も準備しました。

たった一人、矢面に立ち、スターリンとヒトラーを非難して絶叫するトロツキーは、しかし、「スターリン排除」は唱えませんでした。

トロツキーにとって資本主義を倒したことこそが、革命の最大の成果であり、生産手段が国家に帰属している以上、ソ連はあくまでも「労働者の国」であり、倒してはいけないのです。「スターリン問題」は、スターリンにやり方を改めさせる「修正」で対処すべきであり、今、国家を守る勢力を持つ者がスターリンのみである以上、資本主義国に攻め入る隙を与えるクーデターなど起こしてはならず、「資本主義国やファシストがソ連を攻撃した場合は無条件で防衛せよ」「指導者がスターリンであっても守れ」と言い切りました。

真性の社会主義者であるトロツキーは、原理原則のためであれば私情をかなぐり捨てるのです。ただでさえ少ないトロツキストたちは戸惑い、仰天し、ますます数を減らします。スターリンに復讐したくてトロツキストになった者もいますから、この思想はあまりに厳しすぎてついていけなかったのです。

長らく待った後、ノルウェーから亡命許可が下り、トロツキーは北へと向かいます。ここでも迫害されますが、ノルウェー政府は初めはとても親切でした。閣僚たちは十月革命の英雄と話ができてウキウキしていたくらいです。が、三カ月も持ちません。第一次モスクワ裁判が勃発すると、ソ連から圧力がかかり、突如、政府の方針が変わりました。「反対派」の皆殺しを始めたスターリンに驚愕する間もなく、ノルウェー政府の追い出し工作に直面します。しかし、いつもの通り受け入れ国はなくトロツキーは動けません。

「この地に留まるのならば」と、ノルウェー大臣はトロツキーに誓約書を渡し、サインを求めます。「ノルウェー政治に干渉しないだけでなく、すべての国のすべての政治へのすべての発言を放棄する」との旨が書かれていました。欠席裁判でトロツキーに、ありとあらゆる有罪判決が下されている時にです。政府に迷惑をかけないよう、自制しながら活動してきたトロツキーの感情が爆発しました。

「誰に向かってモノを言っている！」

司法省が割れんばかりの大声でした。

「私がこんなものにサインすると思っているのか！　君は自分がスターリンより強力だとでも思っているのか！　スターリンさえ屈服させられない私を、君が屈服させられると本当に思うのか！」

久々のトロツキーの大演説は迫力、説得力ともに冴えわたり、世界の片隅で飼い殺しにされながらも、生まれながらの大指導者である彼の資質を、痛烈に物語っていました。どれほどに汚名を与え、どれほどに支持者を奪っても、「本当の敵」の地位から決して外さないスターリンの判断は、見事に当たっているのです。しかし、今や、ソ連の圧力から逃れることに全力を注ぐノルウェー政府は、トロツキーを黙らせることだけを目的として、トロツキーただ一人をターゲットにした法律を次々に成立させてゆきます。

ところが、その時、意外な国から亡命許可の通知がきました。ヨーロッパからはるかに遠いメキシコです。到着したトロツキーとナターリヤは、トロツキストたちが手を振る中を大統領専用列車で迎え入れられました。温かい歓迎にトロツキーの心は沸き立ちます。メキシコでさえ迫害勢力は大規模でしたが、カルデナス大統領がずっしり構えて一度も追放しようとしなかったので、トロツキーも今までよりは落ち着くことが出来ました。

落ち着くついでに珍しく（亡命中、おそらく初めて）浮気までしています。相手はなんとトロツキーに住居を提供してくれている、画家ディエゴ・リベラの妻フリーダ・カーロでした。長年、女どころか男に会うのも四苦八苦の状況で、つい、羽目を外してしまったのかも知れません。（リベラもフリーダも大変な浮気性なのです）。ですが、道義的にも立場的にも最悪すぎます。

ナターリヤに事がばれたトロツキーは「他の女など比べるまでもない！　君の存在の重さがなぜ分からないのか！」と非常に不遜な言い訳をしています。速攻で危うい関係は終わりましたが、リベラが大統領カルデナスへの攻撃を始めたので、リベラとも切れてしまいました。リベラにもばれたためか、ばれていないのか、フリーダがなんと説明したのか、説明していないのか、よく分かりません。リベラとフリーダは最終的にスターリニストに転向しました。

あばら家のように質素なものの、しかし、大きな家を買い、そこへアメリカ社会主義労働者党を中心としたトロツキストたちが集まるようになりました。貧しい彼らが旅費を工面して交代でやって来る目的は、政治談議以上に護衛です。トロツキーと長男リョーヴァが命を狙われていることを、知らない者はありません。トロツキーの家は警官とトロツキストと機関銃と鉄条網で警備される「要塞」の外観を持ちました。

ヨーロッパで活動するリョーヴァは尊敬してやまない父親を助け、粉骨砕身の努力をしました。リョーヴァなしでは亡命中の活動はその半分も出来なかったろうと思われます。

トロツキーは「モスクワ裁判」に対し、「私を召喚して裁判にかけよ！」と声明を出していましたが、トロツキーに「自白」させることは不可能ですから、スターリンはもちろん無視しました。先妻ソコロフスカヤや次男セリョージャが「裁判」に引き出されていないということは、彼らも「自白」しなかったのでしょう。これを見た米哲学者ジョン・デューイが、トロツキーを被告とした模擬裁判をメキシコで開きます。トロツキーは「完全無罪」を勝ち取りますが、この証拠集めもリョーヴァなしでは不可能でした。

ですが、ついにリョーヴァにも魔の手が伸びました。ある日、突然、リョーヴァは病院で不審死を遂げます。トロツキーは知りませんでしたが、トロツキストでもあるリョーヴァの「親友」が、スターリンのスパイでした。リョーヴァの死をもって、トロツキーの四人の子供は全員が失われたのです。トロツキーはこの日を「生涯最悪の日」として、深い哀切に満ちた追悼文を書きました。

自殺した娘ジーナの息子セーヴァはリョーヴァが育てていましたが、この後はトロツキー夫妻が育てます。トロツキーは最後に残ったこの孫を溺愛し、「なぜ自分たち一家はこれほど酷い目にあっているのか、祖父（トロツキー）のしている仕事はどれほど大切なことなのか」を語って聞かせたようです。

トロツキーの周辺からはまた人が減ってゆきます。「モスクワ裁判」の醜悪さに嫌気が差し、社会主義そのものから離れる者、「たとえスターリンの統治下にあっても、ソ連を防衛せよ」の方針に反対する者、自分に厳しく他人にも厳しいトロツキーについていけなくなる者、トロツキーに近寄っては自分の身が危ないと実感した者、理由は様々です。

スターリンに組織されて、メキシコ共産党二万人が「トロツキーをメキシコから叩き出せ」とデモを行いました。二〇人ではなく二万人です。一方、トロツキー邸を守っているのは、警官と支持者を足してせいぜい二〇人程度です。歴史上、たった一人の個人に対し、世界中でこれほどの弾圧が行われた例は、トロツキー以外にあるのでしょうか？　ビン・ラディンはアラブでは英雄ですし、ヒトラーの世界的包囲は彼の死後に起こったことです。ドイツ国内においてなら、ヒトラーは死ぬまで最高権力者でした。

ですが、地球上にただ一カ所だけ、トロツキーの支持者が増えている場所がありました。ソ連の強制収容所です。最後まで屈しなかった強固なトロツキストはもちろん、降伏した元トロツキストであれ、政権から見放された元スターリニストであれ、逮捕され、後は処刑を待つばかりの凄まじい数の政治犯たち全員が、絶望の中、思い出さずにはいられない巨大な敗北者。赤軍がその手中にあった時ですら、自己の地位を守るために動員しようとはしなかった清廉な革命家。

法廷で「人民の敵」トロツキーの巨悪が暴かれ続ける一方、処刑場は残りの命が数秒となった「犯罪者」たちが、「トロツキー万歳！」と叫ぶ声で溢れていたそうです。

資本主義者は自分で学べ。

共産主義者は同志たちの失敗に学べ。

自分で経験してから学ぶほど、共産主義者は長く生きられないのだから。


一九四〇年五月、未明。

トロツキー邸がスターリニストの武装集団に襲われます。トロツキー夫妻の寝室に、二〇分にわたって二〇〇発以上の銃弾が撃ち込まれました。先に目覚めたナターリヤがトロツキーを床に落とし、その上に覆いかぶさって死んだふりを続けたところ、二人とも奇跡的に助かりました。ところが、半時間後に駆け付けた警察長官は、襲撃の規模とトロツキー夫妻の落ち着きぶりを見て、自作自演と判断してしまいます。長官はスターリンに買収されたわけでも、職務怠慢したわけでもなく、「これほどの襲撃を受けた直後に、平静を保つような人物を見たことがない」ので、信じられなかったのです。

長官を責めることは出来ないでしょう。例えば第二次世界大戦末期、「暗殺未遂」を起こされ、会議中に部屋を爆破されたヒトラーは、軽症ですんだものの動揺が激しく、一刻も早く生存証明してクーデターを防がねばならない状況下において、すぐにはラジオ放送できませんでした。あのヒトラーがです。代わりにゲッベルスが行い、ヒトラーは夜に登場しました。

しかし、トロツキー夫妻は不自然極まるほどの冷静さを見せました。長きにわたる全世界からの迫害によって、トロツキーだけでなく妻のナターリヤまでもが、神経を鍛え抜かれていたのです。

それでも、一カ月後、襲撃中に行方不明になっていた秘書ハートの死体が発見された時、現場にやって来たトロツキーは泣いていました。警察長官は「ハートはスターリンのスパイだったのではないか？　口封じで殺されたのではないか？　怪しい点がいくつもある」と説明しましたが、トロツキーは頑としてその見解を跳ね返しました。ハートを悼んで自宅の庭に記念碑まで建てています。

無数のスパイや、何万、何十万の同志たちの裏切りや、何億かもしれない世界の社会主義者たちの離反にあっても、傲慢で冷徹な印象を漂わせるトロツキーは、いまだに人を信じられるのです。後日、ハートの父親は「息子の部屋にはスターリンの肖像画があった」と証言しています。ただ、それが事実なのか、「トロツキスト」は迫害されるからそう言ったのか、よく分かりません。


トロツキーが死んだ。

天使人民委員が「社会主義者の天国」のカギを開けてくれた。

そこにはマルクスもエンゲルスもレーニンもいた。

スターリンは永遠にここへは来られないだろう。

トロツキーはとても満足した。

その後、一〇年経ったがソ連ではまだ「この世の地獄」が続いていた。

さらに、三年経つと「社会主義者の地獄」の人口が激減を始めた。


一九四〇年八月二十日。

自己の命を張ってでもトロツキーを守ろうとする護衛の友人たちと、スターリニストの大群に囲まれて生活していたトロツキーは、女性秘書の恋人になりすましたメルカデルの訪問を受けます。論文を読んでほしいと頼まれ、以前よりメルカデルを信用していたトロツキーは自室にその男を入れました。トロツキーが論文を読み始めると、メルカデルは背後からトロツキーに忍び寄ります。そして狙いを定め、隠していたピッケルを頭上に振り下ろしました。凄まじい叫び声が邸内に響き渡ります。

殺害して逃げられると踏んでいた屈強なメルカデルは、六〇歳のトロツキーの思いもよらない反撃にあい、駆け付けた友人たちに取り押さえられました。トロツキーは血を流しながら、「殺すな！　事実をしゃべらせろ！」と呻いたそうです。メルカデルは後に発表する予定だった「私はトロツキストだったが、トロツキーが社会主義者を裏切っている事実を知り幻滅した」という、偽造の声明文を持っていました。「モスクワ裁判」で同志たちの名誉を泥塗りにしてから命を奪ったスターリンは、「本当の敵」にも最後まで敬意を払いませんでした。

虫の息で病院に担ぎ込まれたトロツキーは、手術のため看護婦たちが髪を切り始めると、ナターリヤに、

「床屋だよ」

と、ジョークを言ってニヤリと笑って見せたそうです。昨日、二人で「髪が伸びてきた」と会話したのを思い出したからです。その後、傍に控える秘書に政治的助言を与えようとして話しかけますが、もう、そんなにたくさんの言葉をしゃべる体力は残ってはいませんでした。悟ったトロツキーは途中で会話を切ります。そして一言、激励の挨拶を残しました。

「友人たちに伝えてくれ……。第四インターナショナルの勝利を信じている、と……。前進せよ。」

ごく短い言葉の間にもどんどん力は失せてゆきます。

人生の最後にトロツキーは無念だったのでしょうか。むしろ、ようやく解放されると安堵したのでしょうか。最後まで全力を尽くしたことに誇りを抱いていたのでしょうか。それとも、独りぼっちになってしまうナターリヤを心配したのでしょうか。

看護婦たちがトロツキーの服を脱がせ始めると、ナターリヤを見つめ、

「嫌だ……。お前がやってくれ……」

と、かすれた声で言いました。これがトロツキーのこの世で最後の言葉です。ナターリヤは服を脱がせると、トロツキーに口づけし、トロツキーもそれに応えて、また応えて、そして手術台へと運ばれてゆきました。翌日まで持ちこたえたものの、意識を取り戻すことはもうなかったそうです。

革命のために生まれ、革命のために生きた男は、その高い知性にも関わらず、自分を守ることだけは最後まで理解できずにこの世を去りました。

ボリス・エフィーモフ〈ソ〉

▼一九三七年。

キャプション

「人民の敵」

◉ハーケンクロイツを付けた烏帽子《えぼし》（日本貴族の伝統的礼装）を被り、ドクロの描かれたカバンを持って地球を逃げ回るトロツキーと、ハーケンクロイツの腕章を付けた長男リョーヴァ。（リョーヴァはあだ名で、本名はレフ・セドフですが、トロツキーと同じ名前でややこしいのでリョーヴァと記しています）。

献身的なリョーヴァは思想的にも父親とピタリ一致するトロツキスト・グループの柱でした。ノルウェー時代に起こった「第一回モスクワ裁判」で、トロツキーが言論の自由を封じられていた時、まるで父親が書いたような公平な声明文を発表して、父親を喜ばせました。

「ジノヴィエフ、カーメネフは屈してしまった。だが、普通の人よりはるかに勇敢だった。何十万の人々は彼らの一〇〇分の一の苦痛でも耐えられなかっただろう」

TES〈独〉

◀

一九三七年。

キャプション

「最新の写真提供サービス」

「クレムリンの作戦会議」

「彼の将軍たちの中のスターリン」

◉最新技術には未来が映るようです。将軍たちは死にますが、スターリンは生き残ります。

ナチス肝いりの風刺雑誌（というよりプロパガンダ雑誌）に掲載された作品。

署名は「TES」としか読めませんが、これはエドゥアルト・テニィの変名ではないかと思えます。独英戦中、「エドゥアルト・テニィ」の名でこれと姉妹品のような構図のチャーチル・モデルの絵もありました。そちらは少々無理やりな感じでしたが、この絵は実にしっくりきます。

ディエゴ・リベラ〈メキシコ〉

一九三四年。

タイトル「十字路の人」（上二枚は拡大図）

◉この絵の原型は前年にニューヨーク・ロックフェラー・センターの壁画として描かれました。テーマは「新しい未来を選ぶことの希望と、広い視野を持つ十字路の人」。

しかし、この絵にリベラが独断で「労働者と手を携えるレーニン」を入れたことで論争が巻き起こり、ロックフェラーが抗議にさらされます。リンカーンを描き加えて世論をなだめようとしましたが、完成前に反対派によって壁画は破壊されました。リベラはメキシコに帰り、ほぼ同じ構図をさらに左右に広げて絵を描き直します。この絵はメキシコ・バージョンです。

向かって右側には赤旗の周りに集うトロツキー、マルクス、エンゲルスが加えられました。向かって左側には帝国主義戦争、堕落した富裕層、暴力的な警官などが描かれ、より社会主義的な作品になっています。

エドゥアルト・テニィ〈独〉

▼

一九三六年。

キャプション

「スペインの共産主義」

「同志諸君！　我々は諸君のために、最も素晴らしい国際主義の未来を構築している。諸君にも一度、我々のスペインに来てもらいたい！」

◉ソ連とドイツの代理戦争と言われたスペイン内戦。が、スターリンは人民戦線（政府側）の全力支援はせず、精を出していたのはスペインのトロツキスト狩りです。

　この絵では、赤軍兵士と共に駆け付けたトロツキーが指示を出していますが、現実のトロツキーはノルウェーでがんじがらめにされています。作者はあらためてトロツキーの失脚と共産主義の分裂を描いています。

ククルイニクスイ〈ソ〉

一九三七年。

キャプション

「これら人類のできそこないは、列車を転覆させた」

◉ナチスを運んでくる「トロツキスト」四人。左からラデック、ピャタコフ、ムラロフ、ソコリニコフ。彼らは第二回モスクワ裁判の被告です。

ナチスが抱えているのはトロツキー。

「列車を転覆させた」だの、「ナチスと協力してソ連攻撃を企んだ」だの、荒唐無稽で支離滅裂な罪が大量にでっち上げられていました。

リード・クランドール〈米〉

一九六一年。

キャプション

「トロツキーは国から国へとスターリンの秘密警察につけ狙われました。」

「ついに一九四〇年、トロツキーはメキシコでスターリンのエージェントに殺されました」

◉アメリカのカトリック学校で配布された雑誌の中の「神をも畏れぬ共産主義」というタイトルの反共まんがの一部です。

論文をチェックするトロツキーの後ろでメキシコ・スタイルのスターリンがピッケルを構えています。

HE WAS FOLLOWED FROM COUNTRY TO COUNTRY BY STALIN'S SECRET POLICE.
FINALLY, IN 1940, HE WAS KILLED BY A STALIN AGENT IN MEXICO.

1925年 ドイツまんが

共産主義ブーメラン

クレムリンから投げ飛ばされたトロツキーが、大回転しながら保養地クリミア半島（KRIM）を通って再びクレムリンに帰ってきます。なんとスターリンが受け止め、トロツキーもその手につかまります。まるでハッピーエンドです。これが本当の話なら皮肉にもなりますが、現実のトロツキーは二度と政府中枢へ戻りません。……この絵はいったい何でしょう？　説明はなく、私が文字を入れているこのスペースには無関係なドイツ政治の話が書かれていました。風刺でもなくプロパガンダでもない、こんな作品は珍しい。……でも、ベルゼンのトロツキー画には他にも数枚、不思議なものがあるのです。ベルゼンは本書の91ページに載せたような絵を多く描いている作家で、経歴的に完全にボリシェヴィキの敵なのですが、おそらく内心、イデオロギーを超えてトロツキーに同情、あるいは応援していたものと思われます。ベルゼンはヒトラーが政権を取ると、次はアメリカへ亡命しました。

社会主義国家

Q：スイスは永世中立国です。
スイスは帝国主義戦争に加担しません。
それでも、スイスに社会主義を建設することは可能でしょうか？
A：可能です。ですが、あなたはスイスに何の恨みがあるのですか？

世界初のイデオロギー国家・ソビエト連邦は、イデオロギーの鬼であり狂人であり怪物であり、しかし同時にまた、聖人のようにさえ見える二人の人物を生み出しました。二人はふんだんに与えられた能力のすべてを使い、小さな個人の幸福さえ一つ残らず惜しみなく捧げて、人類の理想郷を創ろうと無限の努力を続けました。差別も抑圧もなく、誰もが豊かで感謝に満ちて、永遠の平和を保障された共産主義社会。実現のためには滅ぼさねばならない階級があると信じ、その過程で自分や他人を木っ端みじんに打ち砕いても仕方がないと諦めました。

その思想には間違いがあったのかも知れず、恐るべき計算違いが発生し、逆に人類史上、未曾有の地獄を準備する一助となってしまいました。彼らの後に続いた人物は、イデオロギー上の信念などはいっさい持たず、支配のための究極に便利な道具として、このシステムを骨までしゃぶり尽くしました。

Q：スターリンの死後、ソ連の裁判制度が硬直化してしまったと聞きました。どうしたのですか？
A：最悪です。
証拠は証拠に基づいて提出しなければならず、証拠がない時の暗殺や交通事故までもが禁止されました。

「ソ連に社会主義時代などなかった」という言葉をよく聞きます。

あまりにも早くレーニンが亡くなり、思想を共有したトロツキーが失脚した後は、ただ何十年もの時が過ぎただけで、この壮大な実験の完成を目指すような巨人は現れませんでした。ゴルバチョフが刷新を図った時には、もう、積もり過ぎた怠惰と腐敗で手が付けられなかったように見えます。

ソ連に社会主義時代はなかったのでしょうか？

ただ、初期に、はてしない夢を見た人々がいただけなのでしょうか？

偉大な力と信念を持つ人々が、紆余曲折、軌道修正を繰り返しながら、全力を尽くして建設する理想の社会主義国家。その実現、あるいは限界は永遠に示されぬまま、ソ連は崩壊してしまいました。

レーニンが乗っていた列車が止まった。

見ると前方にレールがなかったので、レーニンはレールを敷いた。

スターリンが乗っていた列車が止まった。

見ると前方にレールがなかったので、スターリンは鉄道関係者を射殺した。

フルシチョフの乗っていた列車が止まった。

見ると前方にレールがなかったので、フルシチョフは後方のレールを外して前方に取り付けた。

ブレジネフの乗っていた列車が止まった。

見ると前方にレールがなかったので、ブレジネフは目を閉じて列車が進んでいると思うことにした。

アンドロポフとチェルネンコの乗っていた列車が止まった。

見ると前方にレールがなかったので、二人はブレジネフと同じ方法を取ることにした。

ゴルバチョフの乗っていた列車が止まった。

見ると前方にレールがなかったので、ゴルバチョフはすべての窓を開け、「レールがない！　レールがない！」と世界に向けて叫んだ。

ПОД ЗНАМЕНЕМ ЛЕНИНА —
ВПЕРЕД К МИРОВОМУ ОКТЯБРЮ!

ソ連・公式ポスター
▼キャプション
「レーニンの旗の下　世界的な十月革命へ向けて前進！」

1927年 フランスまんが

祝・ソビエト政権10周年

農民は喜んでいます

工場労働者も喜んでいます

失業者も喜んでいます

公務員も喜んでいます

男も女もみんな喜んでいます

市民1「何がそんなにうれしいのかね？」
市民2「決まっているじゃないか。ソ連の残り期間が10年短くなったからさ」

139 Сергей Цивинский, 推定1920年代。
140 Михаил Дризо, *Иллюстрированная Россія*, No.39, 1926.09.25とNo.13,1931.03の合成。
141 Михаил Дризо, *Иллюстрированная Россія*, No.48, 1927.11.
142 Михаил Дризо, *Иллюстрированная Россія*, No.50, 1927.12.
143 Михаил Дризо, *Иллюстрированная Россія*, No.44, 1927.10.
144 Сергей Цивинский, 推定1920年代。
145 Михаил Дризо, *Сатира и юмор русской эмиграции*, 1939.
146 Михаил Дризо, *Иллюстрированная Россія*, No.12, 1927.03.19.
147 Михаил Дризо, *Иллюстрированная Россія*, 1927.
148 Михаил Дризо, *Иллюстрированная Россія*, 1928.
149 Arthur Johnson, *Kladderadatsch*, Nr.2, 1937.01.10.
150 ソ連公式ポスター、1921.
154 Михаил Дризо, *Victoire*, 1920.
155 Oskar Garvens, *Kladderadatsch*, Nr.14, 1932.04.03.
156 Oskar Garvens, *Kladderadatsch*, Nr.42, 1938.10.16.
157 Михаил Дризо, *Иллюстрированная Россія*, No.47, 1930.11.
158 Михаил Дризо, *Иллюстрированная Россія*, No.5, 1931.01.
159 Wilhelm Schulz, *Simplicissimus*, Nr.38, 1936. 12.13.
163 Eduard Thöny, *Simplicissimus*, Nr.7, 1937. 02.21.
164 Михаил Дризо, *Иллюстрированная Россія*, No.18, 1931.04.25.
173 Юлий Ганф, 1935.01.
174 Oskar Garvens, *Kladderadatsch*, Nr.37, 1936.09.13.
175 Eduard Thöny, *Simplicissimus*, Nr.29, 1936.10.11.
176 Arthur Johnson, *Kladderadatsch*, Nr.3, 1938.01.16.
177 Oskar Garvens, *Kladderadatsch*, Nr.26, 1937.06.27.
178 Arthur Johnson, *Kladderadatsch*, Nr.9, 1938.02.27.
179 アメリカ社会主義労働者党ポスター、1938.03.
191 Борис Ефимов, *Известия*, 1937.
192 TES, *Brennessel*, Nr.37, 1937.
193 Diego Rivera, ベジャス・アルテス宮殿の内部壁画、1934.
194 Eduard Thöny, *Simplicissimus*, Nr.21, 1936.08.16.
195 Кукрыниксы, *Крокодил*, No.4, 1937.02 .
196 Reed Crandall, 雑誌*Treasure Chest*の第17号から第20号に掲載された作品である。This Godless Communismにおける1コマ、1961.
197 Jacobus Belsen, *Lachen links*, Nr.20, 1925.05.15.
200 ロシア公式ポスター、推定1910-1920年代。
201 Михаил Дризо, *Иллюстрированная Россія*, No.42, 1927.10.

66 (推定)イタリアの出版物、1917.
67 Charles Léandre, *Le rire rouge*, N°161, 1917.12.15.
68 (推定)英語圏の出版物、1917.
69 *Der Wahle Jacob*, Nr.822, 1918.01.
70 推定Михаил Дризо, *Где обрывается Россия…*, 1918.01.
71 Михаил Дризо, *Иллюстрированная Россія*, No.48, 1926.11.27.
76 Carl Jacobsson, 1918.
77 推定Михаил Дризо, *Где обрывается Россия…*, 1918.01.
78 Henri Zislin, *Le rire rouge*, N°169, 1918.02.02.
79 推定*Le rire*, 1910-1920年代。
88 白軍制作ポスター、1919.
89 Jeanniot, *Le rire*, N°2, 1919.01.11.
90 Bohdan Nowakowski, *Mucha*, Nr 43, 1920.10.22.
91 Jacobus Belsen, *Der Wahle Jacob*, Nr.920, 1921.
92 白軍制作ポスター、1919.
93 ボリシェヴィキ制作ポスター、12コマ漫画のラスト4コマを掲載、1919.
94 Hans Lindloff, *Kladderadatsch*, Nr.47, 1920.11.
95 Arthur Krüger, *Der Wahle Jacob*, Nr.899, 1921.
96 Михаил Дризо, *Иллюстрированная Россія*, No.13, 1931.03.
97 Павел Матю́нин, *Иллюстрированная Россія*, No.11, 1926.03.
102 *Красный перец*, 1923.
103 Дмитрий Моор, *Крокодил*, No.7, 1922.06.04.
104 Константин Елисеев, *Красный перец*, 1923.
110 Сергей Цивинский, 推定1920年代。
111 Сергей Цивинский, 推定1920年代。
112 Oskar Garvens, *Kladderadatsch*, Nr.24, 1932.06.12.
119 *Правда*, 1924.06.10.
120 Jacobus Belsen, *Lachen links*, Nr.4 ,1924.02.01.
121 Bernard Partridge, *Punch*, 1925.01.28.
122 Сергей Цивинский, 推定1920年代。
123 Михаил Дризо, *Иллюстрированная Россія*, No.49, 1927.12.
124 Михаил Дризо, *Иллюстрированная Россія*, No.18, 1928.04.28.
125 Talbury, *Washington Daily News*, 1939.12.04 .
135 Михаил Дризо, *Сатира и юмор русской эмиграции*, 1936.
136 Сергей Цивинский, 推定1920年代。
137 Константин Елисеев, 1927.10.
138 Wilhelm Schulz, *Simplicissimus*, Nr.44, 1928.01.30.

図版出典一覧

［凡例］

・図版の番号は頁数に対応しています。

・『ヴァーレ・ヤコブ（*Der Wahle Jacob*）』、『ル・リール・ルージュ（*Le rire rouge*）』は
創刊号からの通算で号数が付けられています。

・コマ割りマンガのタイトルやいくつかのキャプションは、
内容が分かりやすいように大意を損ねない程度に意訳しているものもあります。

1　第2回コミンテルン大会・出版物、1920.

4　Дмитрий Моор, ソ連公式ポスター、1919.

5　ソ連公式ポスター、1919.

6　インダストリアル・ウォーカー（IWW）制作ポスター、1911.

7　白軍制作ポスター、1919.

8　*Красный перец*, 1923.

9　Дмитрий Моор, ボリシェヴィキ制作ポスター、1920.

10　Arthur Johnson, *Kladderadatsch*, Nr.2, 1937.01.10.

11　ニコライ・ブハーリン、私物ノートの絵、7点、1910-1920年代。

18　Н. С. Демковのデザイン、1925.

19　Константин Ротов, *Крокодил*, No.47, 1925.12.

20　Olaf Gulbransson, *Simplicissimus*, Nr.38, 1918.12.17.

21　Arthur Krüger, *Der Wahle Jacob*, Nr.896, 1920.

28　Виктор Дени, ソ連公式ポスター、1920.

29　Виктор Дени, *Красный перец*, 1923.（初出は1917年のБич）。

30　Erich Schilling, *Simplicissimus*, Nr.46, 1924.02.11.

31　Willi Steinert, *Der Wahle Jacob*, Nr.926, 1922.01.

32　トロツキーの写真、KFCコーポレーションの商標。

36　*Kladderadatsch*, Nr.1, 1921.01.

37　ポーランド公式ポスター、1920.

38　Михаил Дризо, *Иллюстрированная Россiя*, 1920年代。

44　MAD（Михаил Дризо）, *Justice…Chez Les Soviet*, 1937.04.

45　Werner Hahmann, *Kladderadatsch*, Nr.19, 1937.03.09.

46　Михаил Дризо, *Иллюстрированная Россiя*, No.52, 1927.12.24.

47　Arthur Krüger, *Der Wahle Jacob*, Nr.838, 1918.08.30.

50　Arthur Krüger, *Kladderadatsch*, Nr.6, 1905.02.05.

51　Bernard Partridge, *Punch*, 1938.08.17.

52　Ludwig Stutz, *Kladderadatsch*, Nr.6, 1905.02.05.

55　E. Müller, 1914.

監修者解説

桑野隆
Takashi KUWANO

本年は、ロシア革命百周年にあたる。

この革命に対する評価は様々だが、世界史上画期的な出来事であったことだけはまちがいない。ただ、その時成立したソ連が今日では存在しない。消滅して約四半世紀が経つ。そのせいもあってか、百周年を機会に改めてロシア革命を振り返ろうとする企画もさほど多くはないようだ。たとえば五十周年のときにくらべると、関連文献の刊行数は明らかに少ない。ソ連消滅という事実だけでなく、そもそも「革命」や「社会主義」への関心が薄れてきていることも、その背景にあろう。話題にするのがかなり困難なテーマになってしまっているのである。

そのような状況下、思いもよらぬ意匠を凝らしてあらわれでたのが、若林悠さんの著書『風刺画とアネクドートが描いたロシア革命』（監修を依頼された当初の仮題は『マンガとジョークでたどるロシア革命』）である。ロシア革命を「マンガとジョーク」で綴ろうなどという発想は、そう簡単に浮かんでくるものではない。

実際、私もタイトルや内容のあらましを編集者からうかがったとき、「えっ！　マンガ？」といぶかった。「ジョーク」ならまだしも、当時の「マンガ」となると、どこまで存在していたものかどうか、考えたこともなかった。しかし、送られてきた原稿を拝見してみると、そこにはロシア内外、とりわけフランス、ドイツ、アメリカで刊行された風刺画やコマ割りマンガが数多く集められていた。しかも、そうした「マンガとジョーク」が、「ロシア革命」の要点を的確に押さえた切れ味のいい文章とものの見事に絡み合い、すぐれた相乗効果を生み出していた。これなら、活字が苦手と言われがちな若い世代でも、笑いながら読み進められそうだと思った。

ただし、改めて断っておくが、本書はロシア革命を後世になってマンガで描いたものではない。その類のものはすでに存在する。そうではなく、本書は、当時の出来事に即反応して描かれたマンガやジョークを集めたものであり、いわばルポルタージュである。それも、ただ記録しているのではなく、風刺したり皮肉っている。滑稽さやユーモアが伴っているがゆえに却って臨場感が増しているところが、おもしろい。

★　★　★　★　★

さて、「風刺画とアネクドート」のうち、アネクドート（ロシア・ジョーク）は日本でも翻訳や著書を通じてかなり知られている。「アネクドート」はロシアでは「こっけいな一口話」一般を指すが、日本などで人気のあったのはそのうちの風刺もの、すなわちソ連の政治や社会を風刺したものである。

より正確に言えば、それらはもっぱらスターリン時代以降のソ連を標的にしたものであり、その人気は冷戦時代と不即不離の関係にあった。したがって、ソ連が消滅したいまでは、アネクドートそのものの需要も効力も明らかに弱まっている。

他方、本書がとりあげているような、革命後一〇年間あたりのアネクドートとなると、実際にはさほど紹介されていない。この点でも本書は貴重なのだが、それ以上に本書ならではの特徴となっているのは風刺画、広義での「マンガ」であろう。それも、ほとんどがロシアの外で刊行されたものから精選されており、「マンガ」だけでも十分に楽しめる。むろん、革命ロシアに反発したり、茶化しているものがほとんどである。なかでも革命直後の数年間はトロツキーとレーニン、とりわけトロツキーが集中砲火を浴びている。当然、読者もまた、この時期にトロツキーが果たした役割を再確認したくなることだろう。

ところで、「マンガ」の先駆けともいえる風刺的性格の絵は、ロシアでは十七世紀末あたりのルボーク（絵と文字からなる民衆版画）からはじまっている。ルボークは、百科事典や新聞、聖書、民話などの役割も兼ねていたが、なかにはピョートル大帝を風刺するものもあった。また、グロテスクな笑いが伴っていることもままあった。

十九世紀初頭には『カリカチュア誌』という雑誌が誕生している。ナポレオン軍を相手にした一八一二年の祖国戦争時には、一大風刺画ブームが起こったとのことである。また、十九世紀半ばからは、何種類かのユーモア雑誌がかなりの部数で発行されるようになり、役人や文化人を風刺した絵が載っていた。

そして、一九〇五年の第一次ロシア革命後になると、数十種類ものユーモア雑誌が登場しており、政治的風刺画にも頁が割かれている。この流れは、一九一七年になっても止まることなく、風刺画には重要な政治的出来事が反映されていく。

しかし十月革命後まもなく、風刺雑誌の多くは発行禁止となり、ボリシェヴィキ公認のメディアに仕える気のない諷刺画家は亡命するか、職種を変えることを余儀なくされてしまう。後述のミハイル・ドリゾも、このときにロシアをあとにしている。

内戦期（一九一七–二一年）に広く普及したのは、軍や民衆の戦意高揚を目的とした風刺ポスターであった。ツァーリ支持者や臨時政府の代表者たちがおもな標的になっている。実は、このあとのネップ期（一九二一–二七年）には、かなりの風刺・ユーモア雑誌が一時的に復刊している。もっとも、それらもネップ終焉とともに消滅を強いられた。

かくして一九三〇年代初頭には、ソ連内の風刺雑誌は『クロコジール（鰐）』ただ一つとなってしまっている。ただ、風刺画自体は、『プラウダ』その他の新聞にも載っていた。

その後の経過は省くことにするが、本書が扱っている革命期の風刺画ということになれば、私の場合、ロシア・アヴァンギャルド芸術に関心をもっていた関係で、まずは、マヤコフスキー、チェレムヌイフなどが中心になって展開した「ロスタの窓」が浮かんでくる。

ロスタというのは、「ロシア通信社」の略称であり、一九一九年九月にモスクワの或る商店のがらんどうのショー・ウインドウに時事的な問題をコメントする一枚のポスターを貼ったのがはじまりで、他の店のウインドウにも広がった。当時は荒廃の真中にあって、ポスターがとりわけ色鮮やかだったこともあり、やがてみんなから「窓」と呼ばれるようになる。ロスタの芸術活動家たちは、各地から電報を受けとると、すぐにテーマを決め、絵を描き、寸鉄詩をつけていた。そのポスターには、アヴァンギャルドの抽象的画法とルボーク（民衆版画）の伝統の双方が、絵や詩の両面で活かされていた。ちなみに、すでにルボークやイコン（聖像画）にもときおり見られたように、「ロスタの窓」には四－八コマの「マンガ」もあった。

また、アヴァンギャルドにかぎらず、革命期のロシアの風刺画ということになれば、代表的な人物あるいはグループとして、デニ（本名デニソフ）、モール（本名オルロフ）、エフィーモフ、グループ「ククルイニクスイ」があげられよう。おもに宗教、白軍、資本家などを風刺していた。一九三〇年にモスクワで刊行されたレフ・ヴァルシャフスキー『わが国の政治カリカチュア』では、これら以外に若い世代としてガンフなどもあげられている。

ちなみに、この本の序「政治的カリカチュアとその原則」には、「カリカチュアとは、寸鉄詩による世界史であり、同時代人たちの辛辣なスケッチによる歴史であるとの見方が、一般的である。たしかにそのとおり。ただし、ソビエトの政治的カリカチュアは、この点に加えて……資本主義世界を切開し粉砕する〈摘発的〉ジャンルでもあるといえよう」と記されている。「この風刺画における滑稽なるものは、わが国の新聞雑誌の読者のための娯楽となっているのではなく、〈暴露〉となっており、そこでは敵の主張が一掃され、政治的出来事の真の意味を理解する道が開かれている」というのである。

たしかに、ソ連国内でも風刺画は存分に効果を発揮していたのであろう。ただし、敵を暴く一方で、自陣営の現実を隠蔽し、幻想を提供したという側面もあったことは否定できない。

本書の読者ならすでにお気づきのように、現実の「暴露」ということになれば、国外の「反ソ連」風刺画のほうがはるかに辛辣かつ多彩であった。

この「暴露合戦」は、諷刺画にかぎった場合、どう見てもソ連のほうが分が悪い。なかでも、革命前から活躍していた亡命ロシア人画家たちは手ごわかった。もっとも、いずれの側の紙礫も相手方に直に達していたわけでなかったろうが。

★　★　★　★　★

実は、私自身は、革命期のソ連で刊行されていた風刺画、とくにポスターを目にする機会は幾度もあったものの、本書のように、諸外国で刊行されていた風刺画をここまで数多くとりあげたものは、見たことがなかった。

なかでも、ロシア語マンガの先駆者のひとりとも評されているドリゾの活躍はめざましい。本名ミハイル・アレクサンドロヴィチ・ドリゾは、一八八七年にオデッサで生まれ、すでに一九〇八年よりMAД（MAD）のペンネームで、オデッサのいくつかの新聞に風刺画を描いており、その名はすでにロシア内でかなり知られていた。一九一七年三月から一九一八年三月までのロシアの出来事を題材にした六〇点の風刺画を収めた『Так было（かくありき）』という白著をオデッサで一八年に公刊したが、ドイツ軍の差し押さえにあっている。

一九一九年にはコンスタンチノープルに亡命、二二年にベルリンに移り、当地で児童雑誌を創設したり、亡命者の新聞で働く。その後パリに移り、ロシア語の新聞や雑誌、さらにはフランス語の『フィガロ』紙などのために風刺画を描いている。とりわけ「国外屈指の挿絵入りロシア文芸週刊誌」とうたった『*Иллюстрированная Россія*（挿絵入りロシア）』（一九二四―三九年）に、一九二五年から載せた平均六コマの「マンガ」は、本書からもおわかりのとおり、傑作が多い。

この雑誌は、亡命中の一流の作家や画家が幾人もかかわっていただけでなく、フランスにかぎらずヨーロッパ全体、極東、アメリカその他のロシア人亡命者の生活も扱っていた。掲載されている諷刺画は、亡命者向けのメディアである以上、ソ連の生活や権力者たちを茶化しているのだが、（本書に収められている）ほかの欧米の風刺画といささか調子が異なっている。ソ連の現実だけでなく、亡命者自体の生活やノスタルジーがとりあげられており、ソ連への憎悪は必ずしも激しくない。まるで、一種の癒しになっているかのようなものも見受けられる。

この例にかぎらず、本書に収録された「マンガ」の多くからは、革命後のロシア、さらには亡命地のロシア人の実相が、瞭然と浮かびあがってくる。諷刺画をふんだんに盛りこんだ本書の意図は、十分に成功しているといえよう。

ちなみに、ソ連の芸術家による絵画や写真のなかに権力の特徴を読みとろうとする試みは数多く見られるのだが、亡命ロシアの側からの表象、それも諷刺画の分析となると、なかなか例が浮かんでこない。おそらく、答えは改めて語るまでもなく明快であると決めつけているのであろうが、本書からすると、どうやら事はそう簡単ではなさそうだ。もっとも、この点はいまここでとりあげるべき問題ではない。

なんといっても、本書の一番の美点は、諷刺の笑いがもつ効能や魅力を体験しながらロシア革命という一大事件の歴史をたどりなおすという稀有な機会を、読者に提供していることにある。ブレヒトの芝居ではないが、楽しみながら学ぶというわけだ。まずは、「寸鉄人を刺す」のオンパレードをぜひとも楽しんでいただきたい。

著者あとがき

読んで下さって有難うございます。風刺画収集に精を出している若林という者です。

収集と言っても、当初、集めていたのはもっぱら第二次世界大戦で、ロシア革命は「まあ、スターリンにも関係あるし一応……」くらいの感覚でした。しかし、ロシア革命の風刺画を集め始めて間もなく、大変におかしなことに気づきました。

……敵が描いたトロツキーの絵はレーニンよりも多い……。

白軍含めての話です。ソ連史をご存知の方なら大きくうなずいたところかも知れませんが、「トロツキーは有力指導者だったが、レーニン没後の権力闘争で敗北し、追放、暗殺された」という、ロシアの教科書レベルの知識しかない私には理解できませんでした。ただの有力指導者の絵がなぜ、「あの」レーニンより多いのか。通常、当たり前ですが、ナンバー2がナンバー1を超えることなどありません。並ぶこともありません。超えたら普通、ナンバー2ではなくなっています。

また逆に、トロツキーがそれほどの重要人物であったなら、なぜ、マルクスやエンゲルスやレーニンをあんなにも称える人たちが、トロツキーについては何も語らないのか。人によっては否定までするのか。奇妙を通り越して異常を感じ、いったいソ連史はどうなっているのだろう……と、風刺画と見合わせながら調べて書いたのがこの本です。

トロツキーの存在が躍起になって封印された（されている）理由が、よく分かりました。

それにしても、です。戦場で花と散る勇者は枚挙にいとまがありませんが、支持者を激減させながら長期にわたる猛烈な迫害に耐え、闘い続ける信念の人などめったやたらに存在しません。どちらがより難しいかは、判断の必要もないことです。規模を含めて考えるなら、世界史上、たった一人かも知れません。

レーニンとトロツキーは考え方が異なることも当然ありますが（党の方針に従うので行動は一致しています）、両者とも腹の底から真っ赤か、細胞の隙間から紅蓮の炎が噴き出しているような気配があるのに対し、スターリンは赤いのか青いのか緑なのか、それとも縞模様なのか、さっぱり要領を得ず。仮にあの大粛清が一切なかったとしても、共産主義の指導者としてふさわしいようには見えません。

よりによってトロツキーを指導者の座から引きずり降ろし、よりによってスターリンをその後釜に据える……。人類はこれほど極端に指導者選びを間違うこともあるのかと、暗澹たる気持ちになります。共産主義こそが未来を創るのだと純粋に信じ、本気で取り組んだ非常に多くの人々が存在したというのに。革命を嫌ってソ連から逃れたツィヴィンスキーやベルゼンやドリゾに見えていたことが、なぜ、彼らには見えなかったのでしょう。

レーニンの早すぎる死が悔やまれてなりません。内戦終結のあとの建国がスターリン体制で始まったことが、世界各地の共産主義に空前の悪影響をもたらして、中国、北朝鮮、カンボジア……の恐怖政治に結びついてしまいました。レーニンが長生きしていれば、あるいはトロツキーが後継者だったなら、避けられたかもしれない悲劇の連鎖です。

しかし、現在のロシアはまたも、スターリンを評価し始めているようです。理由ははっきりしていて、ペレストロイカ以降、貧富の差が現れ、以前より生活が苦しくなった人が不満を高めていることと、何よりも教科書が変わったことからです。

ペレストロイカ以降のロシアの教科書は、「スターリンは英雄である」という共産主義の伝統を引き継ぐものから、「スターリンは犯罪者である」と真っ向反対するものまで、多種多様にあったのですが、今は一つになりました。いわく、

「スターリンは悪いこともしたが、良いこともした」

これは「ロシアは今も昔も偉大な国である」をテーマとするプーチン政権が、超大国を創ったスターリンを持ち上げて「公平に」教えるよう指導しているからなのです。

スターリンのした良いこと、「重工業化を進めナチスを撃退した」功績は、しかし、重工業化ならトロツキーのほうが断然上手くやったでしょうし、赤軍粛清をしなければ、そもそもナチスが攻めてこなかったのですが。

アメリカもトランプ政権ですし、最近は世界政治がまた、「やったもの勝ち」に逆戻りをしているような印象を受けます。

最後になりましたが、見ず知らずの者の原稿のご監修を快くお引き受け下さった桑野隆先生、どうもありがとうございました。また、ご解説では、なかなか知ることの出来ない「ロシアのマンガの歴史」等もご紹介下さり、勉強になりました。

本を発行して下さった現代書館さま、図版の多い手間のかかる編集をして下さった担当の小林さま、美しくレイアウトして下さったデザイナーの伊藤滋章さま、多言語の風刺画の翻訳をして下さった多くの皆さま、ありがとうございました。

そして、たくさんの絵を時代の証拠品として残してくれた、大勢の風刺画家たちにも感謝したいと思います。

二〇一七年九月

ロシア革命百周年の年に

若林　悠

著者◉若林 悠　WAKABAYASHI Yu

同志社大学文学部卒。風刺画収集家。特に戦争関連。風刺画に描かれた当時の認識と、現在の一般的な認識が、時に激しい隔たりを生じていることに注目し、本の執筆を思い立つ。また、風刺画には一枚絵のものに加えて、質の高いコマ割りまんがが100年以上前から存在したことも、世間に紹介したい。著書『ヒトラー　サラリーマンがそのまま使える自己PRとマネジメント術』(夏空出版)。

監修者◉桑野 隆　KUWANO Takashi

1947年生まれ。東京外国語大学大学院(スラヴ系言語)修了。現在、早稲田大学教育・総合科学学術院教授。専門はロシア文化・思想。
著書に『バフチン　カーニヴァル・対話・笑い』(平凡社新書)、『夢みる権利──ロシア・アヴァンギャルド再考』(東京大学出版会)、『危機の時代のポリフォニー──ベンヤミン、バフチン、メイエルホルド』(水声社)、『バフチン(新版)──〈対話〉そして〈解放の笑い〉』『20世紀ロシア思想史』(以上、岩波書店)。訳書に『文学と革命』(トロツキイ著、岩波文庫)、『マルクス主義と言語哲学(改訳版)──言語学における社会学的方法の基本的問題』(バフチン著、未來社)、『サーカス──起源・発展・展望』(クズネツォフ著、ありな書房)、共編訳に『ヤコブソン・セレクション』(平凡社ライブラリー)など。

風刺画《ふうしが》とアネクドートが描《えが》いたロシア革命《かくめい》

2017年10月20日　第1版第1刷発行

著者　若林 悠
監修者　桑野 隆
発行者　菊地泰博
発行所　株式会社現代書館
〒102-0072 東京都千代田区飯田橋3-2-5
電話 03-3221-1321　FAX 03-3262-5906　振替 00120-3-83725
http://www.gendaishokan.co.jp/
印刷所　平河工業社(本文)
東光印刷所(カバー・表紙・帯・別丁扉)
製本所　鶴亀製本
ブックデザイン　伊藤滋章

校正協力：高梨恵一

ISBN978-4-7684-5813-6
定価はカバーに表示してあります。乱丁・落丁本はお取り替えいたします。

現　代　書　館

ジョン・デューイ調査委員会…………編著　梓澤 登…………訳

トロツキーは無罪だ！ モスクワ裁判［検証の記録］

「反革命」の烙印の下、ソ連邦の市民権を剥奪され亡命の旅を続けながらスターリン政権批判を展開したトロツキー。彼が欠席のまま死刑を宣告したモスクワ裁判に対し、弁明の機会を与えた調査委員会報告の全記録『Not Guilty』の日本初全訳。　2800円＋税

寺 畔彦…………著

戦艦ポチョムキンの生涯 1900-1925

映画史上初めて完成されたモンタージュ技法を使い、革命のプロパガンダ映画として名高い『戦艦ポチョムキン』（エイゼンシュテイン監督）。伝説となった戦艦ポチョムキンの歴史（生涯）をロシア革命史の史実を織り交ぜながら壮大な史実を描いた物語。　2200円＋税

秋元健治…………著

狙撃兵ローザ・シャニーナ ナチスと戦った女性兵士

第二次世界大戦の欧州東部戦線に多数投入されたソ連女性兵士たち。その中にまだ19歳の天才狙撃兵がいた。自ら志願して最前線で戦い続けたローザ・シャニーナの生涯を通し、戦争の真実と悲惨さ、そして平和の尊さを描く。写真多数。　2500円＋税

米田綱路…………著

モスクワの孤独 「雪どけ」からプーチン時代のインテリゲンツィア

スターリン死後の「雪どけ」からプーチン時代に至るまで、精神の自由のために闘った少数派知識人（エレンブルグ、マンデリシュタームの妻、ボゴラズ、セルゲイ・コヴァリョフ、ポリトコフスカヤ等）の精神世界を鮮やかに描き出す。〈第32回サントリー学芸賞受賞〉4000円＋税

鈴木常浩…………著

モスクワ地下鉄の空気 新世紀ロシア展望

ロシアの首都にはもう一つの顔がある。都市交通網として拡大を続けたモスクワ地下鉄全線・全駅を紹介しつつ。そこに秘められた歴史を探り、革命と戦争、スターリン主義と冷戦を経て今日に至るロシア現代史の激流を、モスクワ長期留学を経験した日本青年が描く。2300円＋税

黒田龍之助…………著

羊皮紙に眠る文字たち スラヴ言語文化入門

ロシア語などでおなじみの謎めいた変な文字、キリル文字。このキリル文字の歴史を、NHKラジオ・テレビのロシア語元講師、黒田龍之助氏が解明する。著者の体験を交えた明るい文体で、東欧文化圏成立の壮大な史実が分かる。　〈木村彰一賞受賞〉2300円＋税

平野 洋…………著

東方のドイツ人たち 二つの世紀を生きたドイツ人たちの証言集

冷戦後、旧ソ連邦から約230万人もの「ボルガドイツ人」がドイツ国内に移住している。在独トルコ人に迫る最大マイノリティを形成し、ドイツの民族像・歴史観を揺るがす存在になりつつあるボルガドイツ人等から欧州の現在を見つめる。　2000円＋税

定価は2017年10月1日現在のものです。